I0152639

DÉPÔT LÉGAL
E classe
N° 23
11

SIMPLE RÉCIT

D'UNE

MÈRE A SES ENFANTS

m 27
28285

SIMPLE RÉCIT

D'UNE

MÈRE A SES ENFANTS

SUR LA VIE

ET LA MORT DE LEUR PÈRE

SUIVI

D'UN PIEUX TESTAMENT DE SON ZÈLE

———～◦◦◦◦～———

TOULOUSE

L. HÉBRAIL, DURAND & DELPUECH

IMRRIMEURS

5, Rue de la Pomme, 5.

———

1875

SIMPLE RÉCIT

D'UNE

MÈRE A SES ENFANTS

SUR LA VIE

ET LA MORT DE LEUR PÈRE

I

Bien des fois, mes chers enfants, je vous ai parlé de votre père tant aimé, à si juste titre, pour tâcher de graver dans votre mémoire et plus encore, dans votre cœur, ces exemples de solides et aimables vertus, que je voudrais voir renaître en vous. C'est mon vœu le plus cher dans ce lieu d'exil. Aidée de quelques personnes qui ont eu le bonheur de le connaître dans son enfance, puis dans sa vie si édifiante, je tâcherai d'esquisser quelques traits de ses jours si pleins devant Dieu.

Votre père, permettez-moi de le dire, mes enfants, était une de ces natures d'élite que l'on rencontre rarement. Dès son jeune âge, on remarquait en lui une douceur charmante unie à la bonté du cœur et à une habituelle abnégation. Il eut le malheur de perdre sa mère à l'âge de six ans. Nonobstant cela, on put sans inconvénient le garder sous le toit paternel, tant était grande la bonté de son naturel. Il fréquentait un externat séculier où l'éducation religieuse était soignée ; bientôt les heureuses dispositions de son cœur se développèrent rapidement, et il eut le bonheur de faire sa première communion comme un ange, dans les sentiments de la la foi la plus vive et de la piété la plus ardente.

A l'âge de treize ans, il fut mis, à Lille, dans une pension laïque avec votre oncle P... Ils étaient tous deux du même âge. Ma mère, qui était sa tante, l'aimait tendrement, et souvent nous le présentait pour modèle. Il venait avec mon frère aîné, tous les dimanches, passer la journée chez nos parents ; et les jeudis, votre tante, la religieuse, et moi nous accompagnions notre mère pour aller les voir. Pendant les vacances nous étions ensemble, soit à Menin, soit à Ostende ; aussi voyions-nous en lui plutôt un frère qu'un cousin. Tous les jouets d'Antony étaient à notre disposition, et semblaient plutôt nôtres que siens.

Ses années de collége ne furent marquées par rien de frappant, car Antony aimait à rester dans l'ombre. Il travaillait avec une si grande ardeur et une attention telle, que rien ne pouvait le distraire ; quoiqu'il eût une certaine difficulté à apprendre, son travail persévérant lui valut bien des succès et lui permit de sauter deux classes. Il ne fut puni qu'une fois, et encore n'était-il pas coupable ; on avait puni toute la classe. Il me disait, plus tard, qu'il avait fait son pensum avec d'autaut plus de soin, qu'il ne l'avait pas mérité. Dans une autre circonstance, ce furent ses camarades eux-mêmes qui demandèrent grâce pour lui. Voici le fait qui fut raconté à notre mère par M. l'abbé Bernard lui-même. La

modestie d'Antony nous l'aurait probable-
ment caché. Un jour que ce digne ecclé-
siastique, aujourd'hui grand-vicaire du
diocèse de Cambrai, faisait son cours d'instruction religieuse au collége, tous les
élèves du banc sur lequel se trouvait Antony firent des mutineries, au point, je
crois, que tout culbuta, et élèves et pupitres.
Force fut donc à notre bon abbé de sévir.
« Messieurs, dit-il, vous serez tous punis. »
— « Pas Plaideau, monsieur l'abbé, pas
Plaideau ! » s'écrièrent à la fois tous les
petits coupables, qui rendaient ainsi un
bel hommage à la vertu de leur condisci-
ple. « Ceci nous prouve, Madame, ajouta
M. l'abbé Bernard, que vous avez pour
neveu un jeune homme exemplaire, et je
vous en félicite. »

Le jeune Antony avait une nature si
douce que jamais il ne se disputait avec vos
deux oncles, ni avec votre tante L..., ni
avec moi ; ce n'est pas que l'occasion lui
manquât, car l'affection qui régnait entre
nous ne nous empêcha pas de nous querel-
ler souvent. Jamais il n'imposait sa volonté
dans les jeux et paraissait toujours s'amu-

ser. L'abandon entier de sa volonté était déjà
le principal mobile de toutes ses actions.
Après notre mariage, il était tellement
maître de lui-même, qu'il m'était presque
impossible de deviner ce qu'il préférait.
Avec sa gaîté ordinaire, il me dit un jour :
« Tu ne fais jamais ce que je désire. » Je
lui répondis : « Je crois bien, je ne puis
parvenir à deviner ce que tu préfères. » Il
sourit, et la conversation en resta là.

Après avoir terminé ses études, à l'âge
d'un peu plus de vingt ans, il passa son
examen de bachelier ès-lettres ; puis il re-
tourna à Menin, où sa vie était assez mo-
notone. Il s'occupait du travail de bureau
à la manufacture de tabac de son père ; le
soir, il faisait quelquefois de la musique
chez une de nos tantes, ou bien restait
seul à dessiner ou à faire de la tapisserie.
Il communiait souvent, et comme cela aurait pu déplaire à son père, qui ne comprenait pas encore alors le bonheur que
donne la pratique de la piété chrétienne,
il passait par la fenêtre d'un petit apparte-
ment du rez-de-chaussée donnant sur la
cour, afin que ses pieuses et matinales sor-

ties fussent ignorées. Il jeûnait, pendant
e carême, quoiqu'il eût à essuyer plus
d'une fois le mécontentement de son père,
que les préjugés d'une éducation plus ou
moins irréligieuse avaient entraîné, et qui
n'aimait pas de voir son fils observer fidè-
lement les préceptes de la sainte Eglise.

II

A vingt-quatre ans il songea à se ma-
rier. Par sa position et son mérite person-
nel, il pouvait aspirer à un brillant parti.
Une demoiselle âgée, amie de la famille,
lui disait un jour : « Un jeune homme
comme vous, Monsieur, peut se présenter
partout. » Il tourna modestement ses vues
de mon côté, parce que j'étais pieuse. Après
avoir beaucoup prié, sur le conseil de son
directeur, il se décida et demanda ma main,
pendant que votre tante L... et moi nous
étions à Lille, chez notre frère aîné, nou-
vellement marié. Au prime abord, la pensée d'épouser mon cousin germain m'ar-
rêta ; mais M. Gobrecht, doyen de Saint-

André, notre paroisse, qui connaissait et appréciait Antony, leva mes délicatesses de conscience, et me dit : « Les hommes comme lui sont si rares ; acceptez, je suis certain de votre bonheur. » Je n'hésitai plus un instant, et donnai mon consentement. M. Gobrecht, qui nous aimait comme ses enfants, eut la bonté de nous préparer au mariage par une retraite spirituelle. J'allai au Sacré-Cœur, où M. Gobrecht, malgré ses nombreuses occupations, venait trois fois par jour me donner des instructions, auxquelles assistait toujours la maîtresse générale ; M. le doyen me rendit heureuse et fière en me disant : « Votre cousin se prépare admirablement. »

La cérémonie nuptiale se fit à minuit, le 25 septembre 1850 ; c'était l'usage à cette époque. Le matin, M. Gobrecht nous avait dit la messe, à laquelle Antony, votre tante L... et moi avions fait la sainte communion. Le soir, au retour de l'église, M. Gobrecht nous avait fait la recommandation de donner à Dieu les prémices de notre union. Entrés dans notre chambre, nous nous agenouillâmes et récitâmes la prière suivante, que ce digne prêtre avait composée pour nous.

« Dieu tout-puissant et éternel, nous
« voici, nous vos enfants, prosternés devant
« votre Majesté souveraine, pour vous con-
« sacrer les prémices de notre union. Nous
« étions déjà à vous, Seigneur, mais vous
« nous avez unis en Vous par le lien de
« votre sainte bénédiction pour nous faire
« trouver, dans cette union sanctifiée par
« votre Eglise, un moyen de plus de nous
« sanctifier, d'arriver à la fin pour laquelle
« vous nous avez créés, et de Vous être
« fidèles. Bénissez-nous encore, Seigneur ;
« recevez, avec nos profondes adorations,
« nos actions de grâce et la résolution de
« Vous demeurer toujours obéissants ! au
« nom du Père, et du Fils, et du Saint-
« Esprit.

« Sainte Vierge Marie, vous êtes notre
« bonne mère, nous n'en avons plus d'au-
« tre ; protégez-nous, vous êtes puissante,
« clémente, miséricordieuse ; obtenez-nous
« la grâce de demeurer toujours vos fidè-
« les enfants. Montrez-vous toujours no-
« tre Mère, priez pour nous maintenant

« et à l'heure de notre mort. Ainsi soit-il. »

Nous avons béni bien souvent le nom de celui qui nous a donné cette belle prière. A ce propos, je ne saurais passer sous silence l'affectueux attachement qu'avait Antony pour ce digne prêtre. Il lui était soumis comme un fils à son père. Voici un un trait, en passant, qui prou·e jusqu'où allait son obéissance.

Quelques années après notre mariage, on lui demanda d'accepter la charge de marguillier de la paroisse de Menin, et bientôt après on le nomma secrétaire. Cette offre ne lui souriait pas trop : en ce temps-là, plusieurs des membres qui en faisaient partie étaient, par leur position sociale et leur instruction, au-dessous de ces importantes fonctions. M. Gobrecht, néanmoins, engagea Antony à accepter. Son acte d'obéissance fut bientôt récompensé ; d'autres messieurs, appartenant aux meilleures familles de la ville, suivirent son exemple, et en peu de temps la fabrique de l'église fut toute renouvelée et composée de membres aussi capables que pieux.

Mais revenons à notre récit. Nous partîmes la nuit même pour notre voyage de noce, et revînmes en décembre.

Votre grand-père Plaideau eut la bonté de nous proposer de demeurer chez lui. Nous n'acceptâmes pas son offre obligeante, pour avoir plus de liberté d'action dans l'accomplissement de nos devoirs religieux. M. Gobrecht nous avait dit qu'il fallait, dès le début, nous poser en chrétiens, et ne jamais rien retrancher de nos habitudes de piété pour le qu'en dira-t-on.

Nous commençâmes par visiter quelques familles pauvres; mais bientôt cela ne suffit plus au zèle de votre père; aidé du Principal du collége épiscopal, il fonda une Conférence de Saint-Vincent de Paul, et en fut nommé président. Sa charité ardente ne se contentait pas de cette charge; il remplissait aussi les fonctions de secrétaire et de trésorier. De plus, il était toujours prêt à remplacer les membres absents pour la visite des familles adoptées par la Conférence. Il lui arrivait quelquefois de faire les visites en triple dans la même semaine. L'esprit d'abnégation, qui l'animait en toute circonstance, lui faisait

toujours prendre les pauvres les plus mal-
propres. Il surmontait sa répugnance naturelle et souvent même il allait jusqu'à
prendre sur ses genoux les enfants pauvres
et à les embrasser, quoiqu'ils eussent la
figure toute barbouillée. Il voulait par là
gagner le cœur de la mère et lui faire du
bien, au point de vue moral et religieux.
Il avait de même choisi, dans son lot,
toutes les pauvres familles de la campagne ;
et le temps, quelque mauvais qu'il fût, ne
l'arrêtait jamais. On le voyait alors, lui
qui avait l'instinct de tout ce qui est distingué, retrousser ses habits comme les
hommes de la campagne. Et savez-vous,
mes enfants, quel était son motif en agis-
sant ainsi ? Donner moins de peine à la
femme de chambre chargée de brosser ses
vêtements. Il était si bon pour ses domestiques, comme pour tout le monde, du
reste, qu'en rentrant de ses courses hors
ville, il enlevait, au bas de l'escalier, ses
chaussures toutes couvertes de boue pour
ne pas salir le plancher, et éviter ainsi toute
occasion d'humeur aux personnes chargées
du service.

Au mois de décembre, à la Saint-Nico-
las, époque de bonheur pour les enfants
fortunés, il voulait faire aussi le bonheur
de tous les petits pauvres de la Conférence
de Saint-Vincent de Paul. Il préparait avec
un aimable empressement et un visage
joyeux quarante à cinquante paquets con-
tenant chacun le nom d'un enfant. Chaque
paquet renfermait de quoi contenter la famille nécessiteuse : un vêtement, quelques
petits jouets, des gâteaux et un petit pain
blanc. Afin de vous habituer dès votre première enfance à faire ainsi la part du pauvre, il vous demandait quelques-uns de vos
jouets pour les distribuer en cette circonstance. Mais s'il était heureux du plaisir de
ses petits favoris, il l'était bien plus du
nôtre. La veille, il s'enfermait dans le salon
à manger, et là, arrangeait, avec le plus
d'éclat possible, de manière à ravir vos
jeunes imaginations, ce que nous avions
pensé devoir vous être le plus agréable.

Chaque année nous allions à Ostende,
pour fortifier Amédée, dont la santé délicate réclamait l'air de la mer. Votre père,
à peine arrivé, se mettait à la disposition

du président de la Conférence de Saint-Vincent de Paul, et lui demandait quelques pauvres familles à visiter pendant son séjour. Oh ! que j'admirais son dévouement quand nous étions agréablement réunis sur la plage avec quelques amis, et que, tout à coup, il me faisait un petit signe que je comprenais , et nous quittait pour consoler ses pauvres sans dire où il allait ! Et, à ce propos, il faut que je vous dise que votre père, joignant l'humilité la plus profonde à la charité la plus généreuse, avait pour principe de cacher le plus possible le bien qu'il faisait.

Ses moments de liberté étaient aussi consacrés à propager la vénération pour le Souverain-Pontife. Il cherchait, à cet effet, à répandre le plus possible le portrait du Saint-Père parmi la classe ouvrière. Il aurait voulu voler au secours de Pie IX, quand les zouaves de toutes nations s'enrôlèrent pour cette sainte cause; et un prêtre, qui a été son ami intime et le confident de ses pensées les plus secrètes, le chanoine V... S..., m'a raconté qu'il était même venu le consulter un jour sur cette grave

question. « Ne suis-je pas tenu en con-
« science, demanda-t-il, de partir pour
« Rome et de mettre ma vie au service du
« Saint-Père ? Si Dieu exige de moi ce
« sacrifice, je quitterai tout et même de
« bon cœur. Je sais combien il m'en coû-
« terait de dire adieu à mon vieux père, à
« mes enfants bien-aimés, et surtout à
« celle que j'aime le plus au monde après
« Dieu, à cette épouse que Dieu m'a don-
« née. Mais je suis prêt à faire la volonté
« de Dieu. » Le prêtre lui répondit que
son devoir le retenait chez lui. A cette
époque, M. Plaideau, son père, réclamait
des soins assidus. Il fallait sauver cette
âme : il valait donc mieux de rester à Menin. M. le chanoine V... S... se chargea de
choisir, pour remplacer votre père, un jeune
homme digne de lui. Il paya les frais de
son voyage à Rome et de son équipement;
puis, chaque année, il remit au trésor pon-
tifical l'argent nécessaire pour son entretien
pendant tout le temps du service. A cette
occasion, nous avons obtenu pour chacun
de nous une bénédiction spéciale, signée
de la main du grand Pie IX, avec une in-

dulgence plénière que nous pourrons gagner à l'article de la mort. Inutile de vous
dire, mes chers enfants, que je conserve
précieusement ce document parmi nos pa-
piers de famille.

La propagation des bons livres et des
bons journaux était également une de ses
œuvres de prédilection. Sa charité si ingé-
nieuse lui avait fait prendre plusieurs
abonnements de ces derniers ; il les faisait
adresser à des cafés, où l'on aimait bien
à les accepter parce qu'il n'y avait aucun
débours à faire. Les almanachs aussi,
cette lecture qui plaît tant aux ouvriers,
étaient d'abord distribués gratis à chaque
famille indigente de la Conférence de Saint-
Vincent de Paul ; puis, il en faisait col-
porter dans les campagnes voisines. Quand
il voyageait, il avait soin d'oublier son
livre, espérant qu'il serait lu et ferait du
bien. Partout où il y avait des âmes à sauver, on était sûr de le rencontrer ; c'est
ainsi qu'il se dévoua à l'œuvre de Saint-
François Régis, pour les mariages chrétiens, et à celle des soldats, pour conserver
ceux-ci dans la bonne voie, ou tâcher de

les ramener s'ils avaient eu le malheur de s'égarer. Il parcourut aussi plusieurs villages, et quelquefois par un froid excessif, pour y établir des Conférences de Saint-Vincent de Paul. Il copia, de son écriture la plus soignée, toute une série d'instructions pour une retraite, la fit relier et l'offrit à une de vos tantes.

Voici l'emploi de sa journée du dimanche, journée remplie pour le bon Dieu. Nous allions à la messe ensemble, y faisions la sainte communion ; puis, nous visitions quelques pauvres familles chez lesquelles le père ne se trouvait que le dimanche. Antony allait ensuite à la Conférence de Saint-Vincent de Paul ; de là, se rendait auprès de son père pour lui lire la messe ; puis nous dînions avec ce dernier et restions auprès de lui jusqu'à quatre heures. A ce moment votre grand-père allait se reposer ; nous en profitions pour passer quelques instants à l'église, et à cinq heures et demie, Antony se rendait auprès de son père pour lui faire la lecture jusqu'à sept heures. C'est cette lecture quotidienne qu'il fit à son père pendant trois années qui lui valut cette maladie qui l'enleva à notre tendresse. Quelquefois, nous nous trouvions en famille chez un oncle. Une nièce de ce dernier, excellente pianiste, faisait de la musique, et Antony aimait beaucoup à l'entendre. Néanmoins quand l'heure de la lecture arrivait, il s'esquivait sans dire le moindre petit mot de regret, mettant en pratique cette pensée du curé d'Ars: « Les saints ne se plaignent jamais. »

En 1854, le 8 décembre, le dogme de l'Immaculée-Conception fut proclamé. Dans le monde catholique, on célébra cet événement avec une pompe extraordinaire, surtout dans la Belgique. La petite ville de Menin ne resta pas en arrière. Antony se mit à l'œuvre avec empressement et confectionna un millier de roses pour orner la façade de notre maison : je constatai avec plaisir que cette décoration fut généralement admirée.

A la Nativité de la sainte Vierge, le 8 septembre, se célébrait à Dadizèle, à la distance de plus d'une lieue de Menin, une neuvaine en l'honneur de la Vierge miraculeuse. Antony s'y rendait chaque

matin à pied, entendait la messe et reve-
nait de manière à arriver vers dix heures,
heure à laquelle il avait l'habitude de se
mettre à la disposition de son père pour sa
correspondance ou d'autres écritures.

Au mois de mai, il se chargeait toujours
de préparer un oratoire pour honorer notre
Mère du ciel. Toute la petite famille s'y
rendait chaque jour. Nous chantions
d'abord un cantique, puis nous faisions la
prière ensemble, une courte prière pour
ne pas vous fatiguer et ne pas vous faire
prendre à dégoût les pratiques de piété.
Vous aviez chacun, à côté de l'autel, une
carte sur laquelle vous marquiez le nombre
de visites que vous faisiez à la sainte Vierge
dans la journée, et les petits sacrifices que
vous vous imposiez en son honneur.

Venait ensuite le mois du Sacré Cœur
de Jésus, la dévotion favorite de votre
excellent père; aussi mettait-il tout son
zèle et son bon goût à décorer notre petite
chapelle, dans le but de vous inculquer cette
dévotion qui doit l'emporter sur toutes les
autres.

Pendant sa maladie, on lui avait interdit

l'église durant la saison rigoureuse, et comme sa piété aurait trop souffert de la privation de la communion, il obtint la permission de recevoir chez lui la sainte Eucharistie tous les quinze jours. La veille, il disposait lui-même le petit autel sur le bureau que j'ai conservé et sur lequel il a écrit ses rapports de Saint-Vincent de Paul. Pendant ce même hiver, il faisait dans la maison le chemin de la croix chaque vendredi, et c'est pendant qu'il remplissait ce pieux exercice que je vins lui annoncer la mort de son père, le vendredi-saint, à trois heures et demie, jour bien consolant pour le salut de cette chère âme.

Ayant quitté le commerce, Antony était tout à son père et aux bonnes œuvres durant la journée. Le soir, il se mettait au piano pendant que je travaillais près de lui ; puis il lisait à haute voix une vie de saint, récitait son chapelet, et nous disions ensemble nos prières du soir. Nous étions à *nous deux*, comme nous disions ; rien ne manquait à notre bonheur. Il y avait une telle intimité entre nous, que nous n'avions rien de caché l'un pour l'autre.

Nous nous montrions toutes les lettres que nous recevions et toutes celles que nous écrivions. Une seule ne me fut pas montrée, ce fut la dernière que votre excellent père écrivit à M. le chanoine V... S..., le 21 juin, à l'occasion de sa fête. Je lui demandai si je pouvais la lire; il me répondit: « Non, ne la lis pas, elle est trop triste. » Nous ne prenions aucune détermination sans nous être consultés à l'avance. Nous avancions dans la vie en nous aimant chaque jour de plus en plus, comme nous l'avait prédit notre digne ami, M. Gobrecht.

Nos réunions intimes du soir furent interrompues par un acte de piété filiale. Votre grand-père Plaideau commençait à perdre la vue; il n'était pas prudent de le laisser aller seul au café hors ville. Antony, malgré sa répugnance pour les cafés, accompagna son père chaque fois. Bientôt les jambes de votre grand-père lui firent aussi défaut, et il se fit traîner dans une petite voiture par un vieux serviteur. Antony, toujours compatissant, dès qu'ils étaient sortis de la ville, poussait la voiture pour que le vieux domestique eût moins de fatigue. Tous les dimanches, votre grand-père allait dans un café peu spacieux, où la fumée d'un tabac très-fort (le tabac de Vervicq) incommodait Antony et lui donnait la migraine à coup sûr. Il le laissa toujours ignorer à son père, et continuait à l'accompagner de bonne grâce. C'est avec la même abnégation qu'Antony resta seul à Menin, quand nous allions passer un mois de vacances à Ostende, pour ne pas priver son père de la lecture qu'il lui faisait chaque soir pendant une heure et demie. Son père a toujours cru qu'Antony restait à Menin par préférence; et cependant qui pourrait dire combien il lui en coûtait d'être séparé de sa femme et de ses enfants. Il venait passer le dimanche avec nous et rentrait à Menin le lundi matin. Antony ne se contentait pas de faire passer le temps agréablement à son père, en lui faisant la lecture, il voulait rapprocher cette âme de Dieu. Comme les romans étaient la seule lecture qui plaisait à son père, Antony voyait à l'avance ceux qu'il lui lirait, et trouvait l'occasion d'insérer par-ci par-là des passages de bons livres. Il eut la consolation de le voir s'approcher des sacrements plusieurs années avant sa mort. Il y avait trente-trois ans que votre grand-père ne remplissait plus ses devoirs de religion. Antony avait l'habitude d'aller à la messe chaque jour, et il s'approchait des sacrements au moins une fois la semaine. Il le faisait avec un recueillement et une piété qui édifiaient tout le monde. Aux éminentes qualités de son cœur se joignaient beaucoup d'esprit naturel, un extérieur distingué et gracieux. L'expression habituelle de sa physionomie et la douceur de sa voix dévoilaient la suavité de son caractère. Les seize années que j'ai eu le bonheur de passer avec lui, je ne l'ai jamais vu de mauvaise humeur. Il aurait été faible par nature ; mais il avait une fermeté douce par vertu. Aussi savait-on dans la famille que quand il avait pris une détermination, personne ne pouvait l'en faire revenir, et cela uniquement parce que c'était le devoir qui le faisait agir. Et cependant il avait une si mauvaise opinion de lui-même qu'il se croyait toujours en défaut. Son humilité profonde, aussi bien que sa grande charité se révèlent d'une manière touchante dans la neuvaine à saint Vincent de Paul, qu'il a composée, et qui se trouve à la fin de cette notice.

Il était toujours prêt à faire plaisir aux autres : quand il se mêlait à vos jeux, mes chers enfants, il le faisait avec un tel entrain que l'on n'aurait su dire qui s'amusait le plus ou le père ou les enfants. Jamais il n'était inoccupé, et comme on ne peut pas toujours lire ou faire de la musique, il employait parfois ses loisirs à vous découper des cartonnages. La pensée de Dieu, qui présidait à toutes ses actions, lui fit entreprendre d'arranger les figures innombrables de deux processions très-complètes, dont l'une était destinée à vous, et l'autre à vos cousines.

III

Après la mort de son père, nous allâmes tous nous fixer à Lille, chez vos grands parents Ollivier. Ceux-ci, ne consultant que leur tendresse pour nous, mirent leur maison à notre disposition, pour qu'An-

tony, toujours malade, pût recevoir plus
facilement les soins si intelligents et si dé-
voués du docteur C... Mais rien n'amé-
liora l'état de cette chère santé. L'heure de
la récompense avait sonné pour lui. Il
suivait néanmoins, avec une scrupuleuse
exactitude, toutes les prescriptions du docteur, et jamais la moindre plainte ne lui
échappait, même quand il devait prendre
les remèdes les plus répugnants. L'état de
votre père devenant beaucoup plus inquié-
tant, le docteur dit à mes parents qu'il
était temps de me préparer au grand sacrifice. Le coup fut si terrible que, malgré
tous mes efforts, je ne pus contenir mes
larmes, et pleurai amèrement toute une
après-midi... Il fallait, cependant, retour-
ner auprès d'Antony, que je ne quittais pas
d'habitude. Je craignais qu'il ne devinât
la navrante vérité à ma profonde douleur...
Votre père fut admirable, il me donnait
du courage et me disait : « Si le bon Dieu
le veut, il faut bien se résigner. » Malgré
cette vertu si rare, qui faisait craindre à
notre tendresse qu'il ne fût mûr pour le
ciel, il se croyait bien imparfait devant

Dieu. Peu de jours avant sa mort, il me disait : « Ce qui me fait penser que je guérirai, c'est que j'ai encore tant de progrès à faire. » Un autre fois, il me disait en soupirant : « Je suis si tiède ! j'aime si peu le bon Dieu ! » Souvent les malades sont égoïstes et exigeants ; pour lui, il me cachait même ses souffrances, pour ne pas m'attrister. Un jour, votre bonne lui demanda s'il souffrait : « Oh oui ! lui répondit-il ; mais ne le dites pas à Madame. » Très-peu de jours avant sa mort, j'eus beaucoup de peine à lui faire promettre qu'il me réveillerait, s'il avait besoin de quelque chose, tant il craignait de me fatiguer.

Quand nous arrivâmes à Bordeaux, dix-huit jours avant sa mort, je dis au docteur qu'Antony avait une maladie de dévouement. Son humilité en souffrit, il m'appela auprès de son lit, et me dit : « Je n'aime pas que tu dises cela, c'est comme si tu faisais ton éloge. » Remarquez-vous, mes enfants, dans cette phrase, l'union intime qui nous liait l'un à l'autre, d'une manière si profonde et si douce ?

Quand il se sentit plus souffrant, huit

jours avant sa mort, il dit au docteur, devant moi, avec cette admirable force de volonté que donne l'amour du devoir, quoiqu'il sût tout ce que mon immense tendresse pour lui aurait à souffrir : « Monsieur, s'il y a l'ombre de danger, dites-le-moi, parce que je veux avoir le temps de me préparer. » Ayant entendu la réponse du docteur, Antony offrit aussitôt à Dieu le sacrifice de sa vie. Ce fut alors qu'il fit la connaissance du Rév. Père P..., qui nous témoigna dès le début un dévouement si plein de bienveillance et de sollicitude paternelle. Chaque jour, le Rév. Père P... venait voir Antony; il lui apporta la sainte communion trois fois dans l'espace d'une semaine. La veille de sa mort, Antony désira faire une confession générale. Le lendemain, il communia encore à jeûn. Une heure après, il se sentit beaucoup plus mal et ne voulut pas que je restasse seule avec lui. J'envoyai chercher à la hâte le Rév. Père P..., et en même temps je demandai un prêtre de la paroisse pour administrer à notre cher malade l'Extrême-Onction. Antony reçut ce dernier sacrement avec cette foi vive et cette parfaite résignation qui ne lui manquèrent jamais. Il présentait spontanément ses mains à l'onction de l'huile sainte; immédiatement après, le Rév. Père P... récita les prières des agonisants. Ce Père si bon s'était déjà tellement attaché à Antony qu'il pleurait en récitant ces prières. Il lui donna ensuite l'absolution générale. Antony, à ce moment suprême, nous confia, vous, mes enfants, et moi, au Rév. Père P..., et me chargea de vous bénir une dernière fois en son nom. Ensuite, il me dit : « Je désire serrer la main à tout le monde. » Il eut la délicatesse de ne pas prononcer le mot adieu ; il comprenait tout ce que ce mot aurait eu de déchirant pour moi ! Votre oncle P... ne se contenta pas de lui serrer une dernière fois la main, il l'embrassa avec une douloureuse effusion... Antony demanda son chapelet, en baisa la croix indulgenciée de l'indulgence plénière à l'article de la mort, puis se le passa au poignet... Il me prit la main qu'il garda longtemps dans la sienne, il me la caressait du pouce... Sentant sa fin s'approcher, il ne put retenir cette exclamation : « Pauvre petite femme !... » Il baisa un petit tableau du sacré Cœur de Jésus que nous avions conservé avec nous pendant tout notre voyage... Peu après, le jeudi, vers deux heures après midi, le 20 septembre 1866, il rendit le dernier soupir avec la suavité d'un saint !!!

Ici se place naturellement un épisode qui m'a fait une assez grande impression.

Un digne prêtre de Lille, à qui Notre-Seigneur avait daigné, pendant qu'il célébrait la messe, lui révéler une particularité sur une parente morte, m'inspira confiance, et je lui fis demander des prières pour savoir ce que je pourrais faire pour toucher Dieu et obtenir la guérison d'Antony. Je lui faisais dire que j'étais prête à tous les sacrifices pour obtenir cette guérison tant désirée. Il répondit à la personne que j'avais envoyée : « Ce Monsieur ne se guérira pas, il est mûr pour le ciel ; mais il obtiendra des grâces abondantes à toute sa famille. » On lui ajouta : « Il veut partir pour Bordeaux, il est si malade ! — N'importe, il faut le laisser partir. » On ne me rapporta ces paroles prophétiques qu'après la mort de votre père, pour ne pas m'enlever tout espoir. Vous avez apprécié comme moi, mes chers enfants, la vérité de ces paroles par la douce et incessante protection que votre digne père nous fait sentir avec une si touchante sollicitude. Aussi le Rév. Père P..., fidèle à la parole qu'il lui avait donnée à son lit de mort de veiller sur nous toujours en son lieu et à sa place, a-t-il toujours insisté pour que dans nos peines, dans nos maladies et dans toutes nos perplexités, nous nous adressions à lui comme à un saint et au génie tutélaire de la famille. Ah! c'est que ce bon Père l'avait intimement connu! Antony lui avait révélé toute sa vie; il était mort sous ses yeux comme un héros et un martyr. Que de fois dans mes heures d'angoisses le Rév. Père P... avait coutume de me répéter : « Allez à Antony, il est au ciel. Dites souvent à vos enfants qu'ils sont les enfants d'un saint, et reposez-vous vous-même dans cette douce assurance au milieu de l'exil d'ici-bas. J'ai connu peu d'âmes aussi belles, aussi élevées, aussi dévouées! C'était le véritable

3

amour de Dieu par-dessus tout, uni au culte de sa famille, de l'Eglise, du Pape, de son pays et de son devoir; qu'il doit être haut placé dans le ciel! » Après la mort de votre incomparable père, M. le doyen de Menin parla de lui en chaire et le cita comme un modèle accompli de toutes les vertus.

Voici les textes sacrés que M. le chanoine V. S. a choisis dans le pieux souvenir qu'il a composé pour lui :

« *Il était constamment occupé de Dieu, plein d'affabilité pour tout le monde, toujours d'égale humeur, simple, droit et humble; il ne cherchait point les honneurs, les richesses et les plaisirs; en toute chose il s'efforçait d'imiter Jésus-Christ.* (Vie de saint Vincent de Paul dans le Brév. rom.)

« Comme le saint homme Job, *il a secouru l'orphelin délaissé, il a consolé le cœur de la veuve, il a été l'œil de l'aveugle, le pied du boiteux;* en un mot, le père des pauvres. (Job, XXIX, 12-16.)

« Aussi peut-on dire de lui ce qui est écrit du Sauveur : *Il a passé sur la terre en faisant du bien.* (Act. des Apôtres, X, 38.)

« Oui, c'est bien de lui qu'on peut dire avec nos livres saints : *Il a été aimé de Dieu et des hommes sur la terre, et sa mémoire sera en bénédiction* chez tous ceux qui l'ont connu pendant sa vie. Ou mieux encore : *La mémoire du juste sera éternelle.* Les anges et les saints la célèbreront aussi longtemps que durera la gloire céleste des Bienheureux !.... »

NEUVAINE ET TRIDUUM

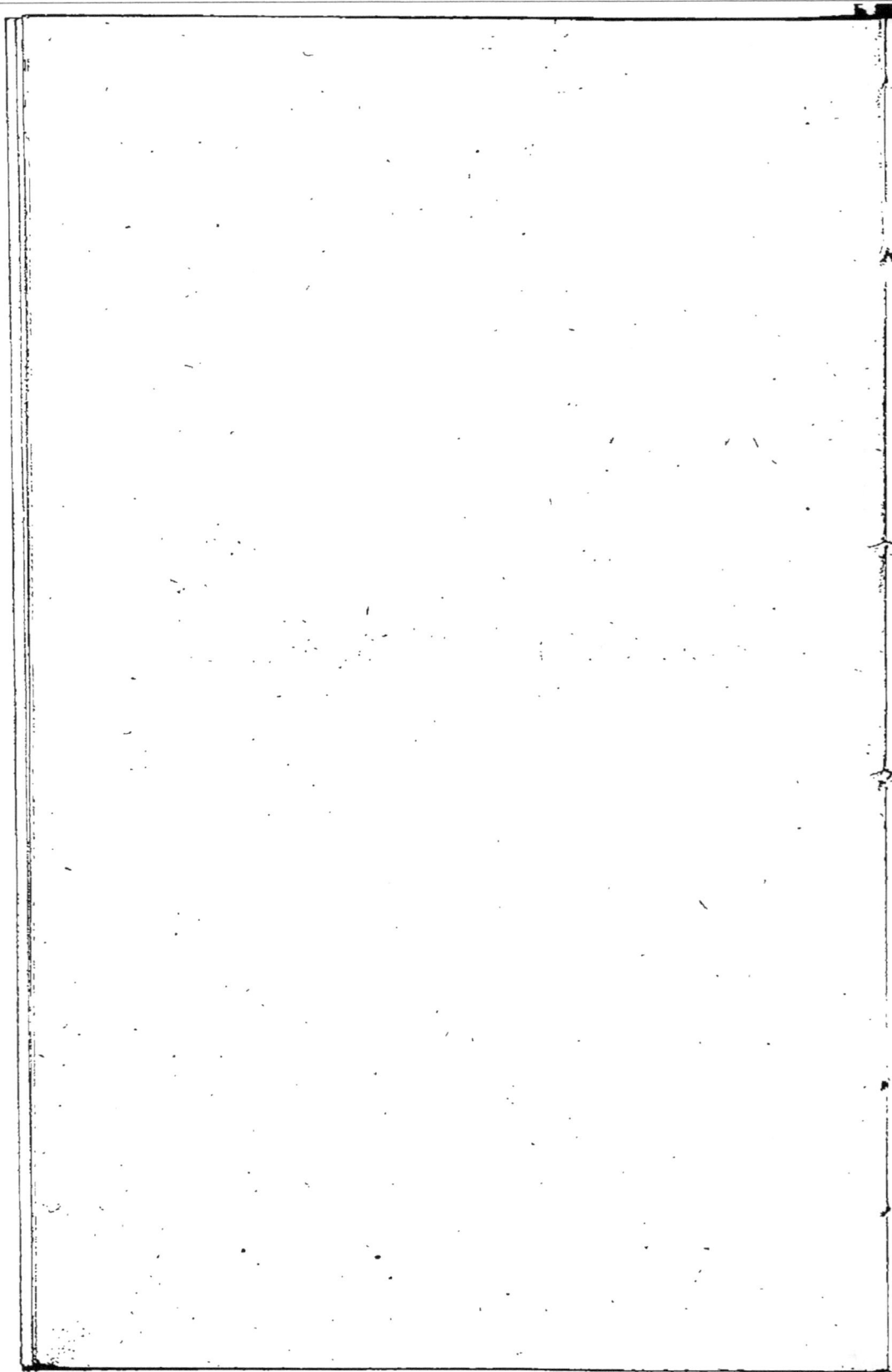

NEUVAINE ET TRIDUUM

EN L'HONNEUR DE

S. VINCENT DE PAUL

PAR

Un Membre de la Société de Saint-Vincent de Paul.

Ecce omnia tua sunt quæ habeo et
undè tibi servio.
(*Imit.*, lib. III, cap. x, 3.)

Filioli mei, non diligamus verbo,
neque linguâ, sed opere et veritate.
(*I Joan.*, III, 18.)

Estote ergo vos perfecti sicut et
Pater vester cœlestis perfectus est.
(*Matth.*, V, 48.)

TOULOUSE

IMPR. L. HÉBRAIL, DURAND & DELPUECH
5, Rue de la Pomme, 5.

—

1875

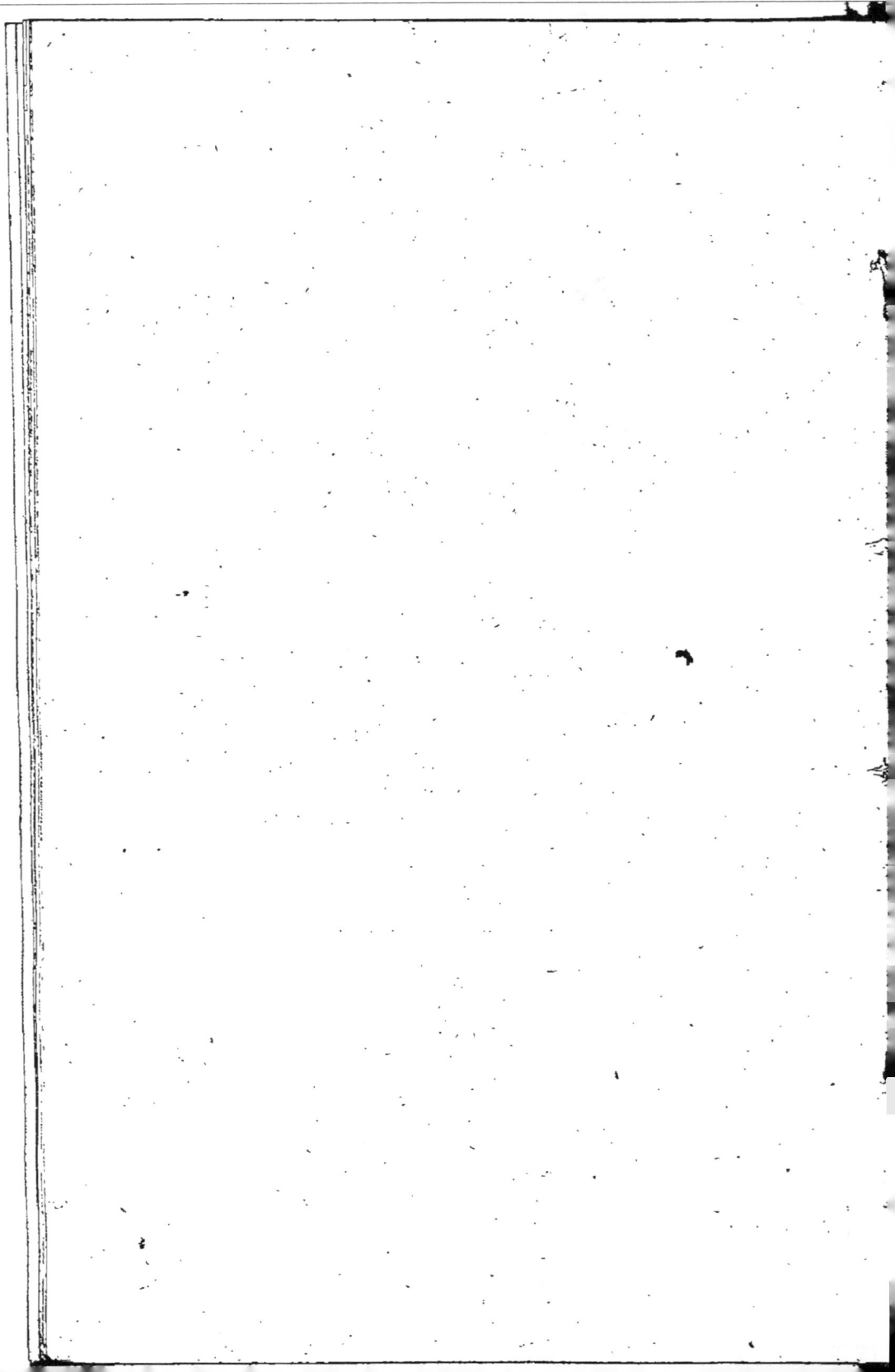

DÉDICACE

—

A Mme E. P., présidente des Dames de Saint-Vincent de Paul, à M.

Permettez-moi, ma chère tante, de vous offrir la dédicace d'un petit livre où j'ai rassemblé, pour chaque jour d'une neuvaine et d'un triduum en l'honneur de notre bien-aimé patron saint Vincent de Paul, quelques pensées qui seront peut-être lues avec plaisir par ceux qui s'occupent, comme vous, des œuvres de charité ! Cet essai est très-imparfait sans doute, mais le bon Dieu est un père indulgent qui tient compte de toute bonne volonté. Je serai trop payé de mon modeste travail s'il pouvait faire un peu de bien et procurer à son auteur quelques prières dont il a grand besoin.

NEUVAINE

CONSÉCRATION

DE CETTE NEUVAINE A SAINT VINCENT DE PAUL

En commençant cette neuvaine qui vous est consacrée, grand saint, dont le nom est devenu le synonyme de la plus parfaite charité, daignez répandre dans mon cœur les sentiments du plus ardent amour pour Dieu et le prochain, afin qu'enrôlé sous votre bannière sur la terre, je puisse un jour marcher à votre suite dans les cieux. Ainsi soit-il.

1er JOUR DE LA NEUVAINE

L'AMOUR DE DIEU

Que dirions-nous de notre père, alors que nous serions parvenus à l'âge de raison, c'est-à-dire devenus capables d'apprécier tous les trésors de son inépuisable tendresse, s'il nous donnait l'ordre formel de lui rendre amour pour amour? Ne nous écrierions-nous pas aussitôt : Quoi! mon père, m'ordonner de vous aimer? Est-ce possible? Jugez-vous cet ordre nécessaire? Est-il donc si difficile de vous aimer, ou plutôt pourrait-on faire autrement que de vous aimer? Mais je vous aime de toutes les puissances de mon âme; mon amour pour vous n'a d'égal que mon respect et ma reconnaissance pour vos bontés sans nombre. Que puis-je faire pour vous témoigner cet amour? Dites un mot, et je suis prêt à tout; il n'est point de sacrifices que je n'accepte volontiers pour vous convaincre de ma tendresse.

Cet ordre n'est cependant point une fiction : il vous a été bien et formellement donné, et c'est le meilleur des pères, le parfait modèle de toute paternité, ce père qui a été jusqu'à donner sa vie pour ses enfants, qui chaque jour renouvelle pour eux ce sublime sacrifice, malgré les ingratitudes dont ils affligent sans cesse son cœur bien aimant; c'est ce Dieu qui, dans son amour infini pour sa créature, a voulu qu'elle l'appelât chaque jour du doux nom de père; c'est Dieu qui nous en fait un commandement exprès : « *Vous aimerez le Seigneur, votre Dieu,* nous dit-il, *de tout votre cœur, de toute votre âme, de tout votre esprit.* »

Qu'en dites-vous, âmes chrétiennes? Vous surtout qui avez eu le bonheur de naître de parents chrétiens? Vous qui, avec le don de la foi avez reçu de la bonté de votre Dieu la grâce de mener toujours une vie conforme à ses divins préceptes? Vous aussi qui, après avoir eu le malheur de l'offenser, de vous écarter peut-être des sentiers où sa main miséricordieuse vous avait placés, êtes rentrés, comme des brebis égarées, ramenées au bercail sur les épaules du divin Pasteur? Qu'en dit votre cœur?... N'est-il point tenté de s'écrier avec saint Augustin : « Que suis-je, ô mon Dieu! pour que vous m'ordonniez de vous aimer, et, si je désobéis, que vous me menaciez de votre colère et de maux sans nombre? » Ou bien plutôt ne laisserez-vous point exhaler de votre âme embrasée ces ardentes paroles du pieux auteur de l'*Imitation* : « Mon Dieu! mon amour! vous êtes tout à moi, et je suis tout à vous. Dilatez-moi dans l'amour, afin que j'apprenne à goûter au fond de mon cœur combien il est doux d'aimer, de se fondre et de se perdre dans l'amour! Que l'amour me ravisse et m'élève au-dessus de moi-même par la vivacité de ses transports. Qu'ai-je à désirer dans le ciel, et que puis-je aimer sur la terre, si ce n'est vous, ô mon Dieu! O Dieu de mon cœur! ô Dieu, mon partage pour jamais!... peut-on vous connaître, ô mon Dieu! et ne pas vous aimer, vous qui surpassez en beauté, en vertu, en grandeur, en pouvoir, en bonté, en libéralité, en magnificence, en toutes sortes de perfections et, ce qui me touche de plus près, en amour pour moi, tout ce que les esprits créés peuvent comprendre?... Embrasez-moi, consumez-moi! Faible et impuissante créature que je suis, je n'ai rien à vous donner que mon amour. Augmentez-le, Seigneur, et rendez-le plus digne de vous. »

Réflexion.

Dieu me demande mon amour. Qu'ai-je fait jusqu'ici pour répondre à une invitation si tendre ? N'ai-je pas mille fois blessé son cœur paternel ? N'ai-je point été pour lui un fils ingrat et dénaturé ? Loin de m'imposer, par amour pour lui, le moindre sacrifice, n'ai-je pas, en bien des circonstances, transgressé ses ordres, violé ses commandements ? S'il m'a appelé, par un effet de sa grâce, à faire partie de cette grande famille de Saint-Vincent de Paul, qui s'est donnée pour mission l'exercice de toutes les œuvres de la charité chrétienne, et à qui Dieu accorde chaque jour les plus amples bénédictions, mon cœur s'est-il pénétré de reconnaissance pour ce nouveau bienfait ? Et qu'ai-je fait pour satisfaire aux nouvelles obligations que ce titre de membre de la Société de Saint-Vincent de Paul m'impose à l'égard de mon Dieu ?

Pratique.

Consacrez cette neuvaine à votre saint patron et commencez-la par une communion fervente; demandez à saint Vincent de Paul qu'il vous obtienne un grand amour pour Dieu, et qu'il lui offre en votre nom toutes vos pensées, vos désirs, vos paroles et vos actions de chaque jour.

2ᵉ JOUR DE LA NEUVAINE

LA SAINTE COMMUNION

Oui, Dieu nous fait un commandement de l'aimer, et rien ne nous semble plus doux et plus facile que d'accomplir cet ordre. Et cependant, si nous réfléchissons à notre misère, à notre pauvre nature si mauvaise, si corrompue, nous devons reconnaître que nous sommes incapables de tout bien, que nous n'avons réellement en propre que le péché. Comment dès lors, alourdis par nos chaînes, nous élèverons-nous sur les ailes de l'amour? Comment nous arracher à toutes ces vaines pensées qui nous retiennent à la terre, à toutes ces suggestions du mal, qui obscurcissent notre intelligence et entraînent notre volonté dans les voies de l'iniquité? Comment nous délivrer de ces liens de toute nature qui nous enchaînent, nous tiennent captifs, loin de Celui qui mérite seul de nous occu-

4

per tout entiers, et d'établir dans nos âmes son doux et salutaire empire ?

Ce moyen, c'est encore Dieu qui nous le donne. Non content de nous demander notre cœur, connaissant notre faiblesse et notre indigence, il vient en aide à notre bonne volonté, il nous présente son sang précieux, son divin Cœur, il veut d'abord se donner lui-même... O amour incompréhensible de mon Dieu ! vous m'appelez à vous et je résisterais ? Vous voulez prendre possession de mon être, et mon âme resterait froide et indifférente ? Non, non, Seigneur, doux Jésus, malgré mon extrême indignité, j'accours à votre voix ; c'en est fait, plus d'attaches à rien de ce qui n'est pas vous, plus de lâches complaisances, plus de coupables défections ! Je veux désormais correspondre à la grâce ; j'irai et je me désaltérerai à cette source d'eau vive qui me rendra la force et la santé. Vous êtes le vin des forts, la nourriture des élus. O Dieu d'amour, je m'assiérai au divin banquet et je me rassasierai, je m'abreuverai si bien qu'il ne restera plus rien de moi-même ; je serai transformé, et je m'écrie-

rai avec l'Apôtre : « Non, ce n'est plus moi,
c'est Jésus-Christ qui vit en moi. » Livrez-
moi, ô mon Dieu, les secrets de l'amour ;
que mon cœur à jamais appuyé sur votre
divin cœur, comme celui du disciple bien-
aimé, apprenne à vous aimer chaque jour
davantage ! Si vous consentez à venir dans
mon âme, dans cette pauvre âme froide et
négligente, dépouillée de vertus et vide
d'amour, je ne craindrai plus ! Rien ne
pourra me séparer de la charité de mon
Dieu ; je pourrai tout en celui qui me
fortifie...

Réflexion.

Nous n'y pensons réellement pas assez.
Nous avons de bonnes intentions, nous
voulons rester dans la voie du bien, nous
voulons aimer Dieu, nous voulons accomplir sa loi sainte. Mais qu'arrive-t-il souvent, trop souvent, hélas? Nous faisons
une première chute, puis une seconde ; les
fautes succèdent aux fautes, les péchés aux
péchés ; nous nous habituons insensiblement à mal faire, ou tout au moins à ne

pas faire le bien ; si nous ne tombons point dans l'aveuglement du péché, nous succombons à une lâche et indolente tiédeur, et nous devenons comme ces arbres stériles, qui ne portent aucun fruit, et dont il est dit, dans l'Ecriture, que Dieu les jettera au feu éternel ! D'où vient cela ? Quelle est la cause d'un pareil malheur ? Nous ne communions pas assez souvent. Qu'est-ce que la communion, si ce n'est la véritable nourriture de l'âme ? De même que le corps ne peut se passer d'aliments, de même l'âme, privée de sa céleste nourriture, tombe bientôt dans la défaillance, et se meurt. Nous voulons résister aux passions, aux suggestions de toute nature, qui ébranlent nos bonnes résolutions, et nous inclinent vers le mal, et, moins prudents que les gladiateurs antiques, qui se frottaient le corps d'huile pour se préparer au combat, nous voulons lutter sans armes, énervés à l'avance par les coups sans cesse répétés d'un infatigable ennemi ! Désormais, usons de plus de prévoyance ; fortifions notre âme par la communion, recourons à la pratique de la communion fréquente. Il semble

vraiment qu'elle soit exclusivement réser-
vée aux femmes. Oui, comme la religion
qui n'est aussi, dit-on, bonne que pour les
femmes! ne pourrait-on pas dire avec la
plus entière vérité que les hommes en ont
un plus pressant besoin que les femmes?
Plus répandus au dehors, plus exposés, et
par leurs affaires, et leurs positions, et leurs
plaisirs même à recevoir sur eux la pous-
sière du siècle, que feraient-ils s'ils étaient
abandonnés à leurs propres forces? Et pour
nous, qui voulons nous occuper des œuvres
de charité, puisons dans la réception fréquente du Très-Saint-Sacrement le zèle et
le dévouement nécessaires. Si nous ne recourons à ce moyen, soyons assurés que
tôt ou tard, et le jour n'en est certes pas
bien éloigné, nous deviendrons de mauvais
membres de la Conférence, et finirons même
par l'abandonner entièrement.

Pratique.

Pendant cette neuvaine, commencez, si
vous n'en avez pas déjà l'habitude, à com-
munier au moins une fois chaque semaine,
après avoir pris l'avis de votre confesseur.

3e JOUR DE LA NEUVAINE

LE FRUIT PAR EXCELLENCE DE L'EUCHARISTIE

Dieu, dans son infinie bonté, s'offre à notre âme pour lui servir d'aliment. Fortifiés par cette céleste nourriture, nous marchons d'un pas plus assuré dans la voie du bien, et sa grâce, qui coule à flots dans le sacrement de son amour, nous fait résister aux attaques de l'ennemi de notre salut. Un Dieu descendu dans le cœur de sa créature! Qui pourrait exprimer la grandeur d'un tel bienfait? O mon Dieu, l'on ne vous aime pas assez. Après avoir eu l'ineffable bonheur de vous recevoir dans son âme, de s'unir à vous dans la sainte Eucharistie, comment l'homme peut-il encore vous offenser? Une fois que vous avez pénétré dans son cœur, n'est-ce point désormais un sanctuaire à jamais béni qui doit inspirer l'amour et le respect? Si votre ingrate et ignorante créature pouvait comprendre l'excellence du don que vous lui faites, pourrait-elle passer un seul jour de son pèlerinage sur la terre sans vous recevoir dans son âme en attendant qu'elle vous possède dans les cieux ? Conçoit-on ce que devient une âme où Dieu habite continuellement ? Il en est, cependant, de ces âmes privilégiées pour qui l'Eucharistie est à la lettre le pain quotidien. Quel spectacle réjouissant, pour les cieux et pour la terre, que ces cœurs humains ainsi divinisés, si les hommes, dans l'aveuglement du péché, n'étaient pas devenus incapables de les apprécier ! Ah ! dans ce siècle où l'on se dit si avide de progrès, quel plus sûr moyen de l'atteindre qu'en s'assimilant chaque jour la perfection même ! Vous voulez réformer, améliorer, pauvres utopistes ! Et malgré vos talents, malgré toute votre science, c'est à la décadence que vous entraînez l'humanité ! N'est-ce point un inexplicable mystère que ces esprits dévoyés, ces génies qui s'égarent? Malheureux, trois fois malheureux, d'avoir reçu du Ciel des dons si excellents et d'en faire un si déplorable usage. D'où vient leur erreur? Pourquoi cela? Ah! c'est qu'ils n'ont point voulu reconnaître cette lumière que Dieu a envoyée sur la terre pour illuminer toute intelligence. Dans leur orgueil, ils n'ont suivi que les fausses lueurs de leur raison, et ils se sont perdus! Puis leurs sens, leurs convoitises, prenant dans leur âme un plus vaste empire à mesure que leurs yeux ne distinguaient plus le phare de la foi, ils sont tombés plus bas encore, et Dieu seul connaît où s'arrêtera cette triste dégradation! Que l'homme ne dédaigne point les dons de Dieu, qu'il aille à la source des grâces se fortifier, s'éclairer, et chaque jour il se formera dans son cœur, dans son intelligence, une lumière nouvelle. Que de choses qu'il n'avait point comprises jusque-là et dont il aura désormais le secret! Que de science dans sa direction, quelle droiture de jugement, que de sûreté dans ses vues! O mon Dieu! Non-seulement vous m'avez comblé de biens, mais chaque jour votre providence me les conserve et m'aide à les augmenter, à les perfectionner. Vous êtes ma force, mon soutien; mais vous êtes aussi cette pure lumière qui me montre la voie, et me fait entrevoir ces divines splendeurs que j'espère un jour, avec le secours de votre grâce, pouvoir contempler en face, dans votre beau ciel.

Réflexion.

Le sacrement est le canal de la grâce. Ai-je quelquefois médité sur les effets qu'opère la grâce dans les âmes ? Me suis-je parfois arrêté devant ce spectacle si doux, si enchanteur, d'une âme que la grâce habite ? Ah ! si les hommes voulaient, la terre ne serait qu'un avant-goût des cieux ! Pourquoi cet homme d'une intelligence peu commune, vous étonne-t-il souvent par ses grossières erreurs, ses étranges appréciations non-seulement dans les choses de la foi et de la religion, mais dans les simples questions de l'honnêteté, de la justice ? Et pourquoi ce simple ouvrier, sans éducation et avec les seules lumières de son gros bon sens, pourrait-il en remontrer au savant sur ces mêmes questions ? La réponse en est bien simple : l'un communie, c'est-à-dire qu'il reçoit avec son Dieu dans le saint sacrement de l'Eucharistie, non-seulement de nouvelles forces pour la vertu, mais des lumières qui en font, non pas un bel esprit, un savant, mais mieux que cela, un bon chrétien. L'autre ne communie pas, c'est-à-dire qu'il est sans armes contre ses passions, sans guide dans ce labyrinthe de la science où sa faible et orgueilleuse raison, abandonnée à elle-même, ne fait que l'égarer de plus en plus. Il n'est pas jusqu'à la beauté extérieure qui ne prenne plus d'éclat après la réception de ce sublime sacrement; il se reflète dans les traits du chrétien, qui vient de recevoir son Dieu, un je ne sais quoi de majestueux, de doux, de céleste, qui ravit, qui attire les cœurs; la physionomie se transforme, on sent qu'il y a là quelque chose de divin. Qui peut assister sans émotion à la cérémonie de la première communion ? Qui ne se sent profondément touché en voyant un vieux père soutenu par sa fille, accompagné de ses petits enfants, s'asseoir avec eux au banquet eucharistique!..... O mon Dieu, accordez-moi le bonheur de vous recevoir souvent dans mon cœur; donnez-moi souvent la consolation de m'asseoir à votre table avec ceux qui me sont chers, afin qu'ayant été souvent unis en vous sur la terre, nous soyons à jamais réunis près de vous un jour dans les cieux.

Pratique.

Priez pour que ceux à qui Dieu a accordé ce don si précieux et quelquefois si dangereux d'une vaste intelligence, en fassent usage pour le service de la religion et la plus grande gloire de Dieu. Propagez de tous vos moyens les bons écrits, les bonnes lectures, les bonnes publications de tous genres.

4e JOUR DE LA NEUVAINE

L'AMOUR DU PROCHAIN

Nous irons donc nous abreuver à la fontaine de vie, nous irons puiser l'amour à ses sources mêmes, et désormais notre cœur appartiendra tout entier au Dieu de charité qui a daigné y établir sa demeure. Nous nous souviendrons de la grande grâce que Dieu nous a faite, et ce feu dévorant que sa tendresse est venue allumer sur la terre, nous le répandrons autour de nous, parce qu'il embrase et consume tous les cœurs. Nous travaillerons, dans la mesure de nos faibles forces, à élargir l'empire de Dieu sur les âmes. Pleins de l'amour de Dieu, nous nous efforcerons d'accomplir en son entier le précepte divin de la charité; car, après nous avoir dit : « Vous aimerez le Seigneur de tout votre cœur, de toute votre âme, de toutes vos forces, » le divin Maître a ajouté immédiatement : « Vous aimerez votre prochain comme vous-même. » Ce second commandement est semblable au premier.

Ce prochain, quel est-il ? C'est d'abord chacun des membres de la famille, à qui nous sommes unis par les liens les plus forts et les plus tendres ; ce sont nos amis, ces âmes sœurs de nos âmes ; ce sont nos concitoyens, nos compatriotes, tous les membres de la grande famille humaine, dont Dieu est le père commun, qu'ils soient riches en gloire, en puissance, en vertus, ou pauvres de tous ces dons ; ce sont enfin nos ennemis eux-mêmes, pour qui nous devons prier, et à qui nous devons, non-seulement pardonner, mais encore rendre le bien pour le mal.

Aimons le prochain, aimons-le généreusement : Dieu le veut ! Aimons, c'est-à-dire dévouons-nous, soit dans la famille, soit dans la société ; si nous trouvons une douleur quelconque, mettons tout notre cœur à la soulager. Mais ne nous faisons pas illusion : pour que ce dévouement soit efficace, il faut qu'il soit inspiré par un esprit de véritable charité.

L'amour du prochain doit être universel dans son objet, constant dans sa durée, surnaturel dans son but. Universel : il n'est personne qui n'ait des droits à notre amour. Tous les hommes, quels qu'ils soient, sont comme nous des créatures de Dieu, ses enfants, nos frères et, par conséquent, appelés à partager un jour le même héritage. Nous devons les aimer tous, n'importe la nation ou la religion à laquelle ils appartiennent; qu'il y ait différence d'idées, antipathie de caractères, il n'est pas d'exception, il nous faut aimer jusqu'à nos ennemis. Constant : l'homme ne perd jamais ses droits à notre charité; nous devons donc ne jamais cesser de l'aimer; il ne cesse jamais d'être notre frère, d'être l'image de Dieu, quelque défigurée qu'elle puisse être; d'ailleurs la mesure et la durée de cet amour ne nous ont-elles pas été données par Dieu lui-même, quand il nous a dit : « Vous aimerez votre prochain comme vous-même ? » Surnaturel : nous devons aimer notre prochain en Dieu et pour Dieu; nous devons voir en lui une âme appelée à jouir comme nous des divines promesses; nous devons l'aider à accomplir sa mission, à atteindre son but, qui est Dieu, à lui faire rendre à Dieu tout l'honneur qu'il lui doit.

Réflexion.

Aimé-je réellement mon prochain ? Puis-je dire que j'ai vraiment la charité ? La charité est pleine de patience et d'indulgente bonté; elle est douce et compatissante, juste et modérée dans l'autorité, affectueuse dans ses conseils, généreuse et tendrement empressée dans ses dons; elle est discrète et prudente, prévenante et polie, bienveillante envers tous, se multipliant avec une infatigable ardeur. Est-ce bien ainsi que j'aime mon prochain ? Dans mes rapports de famille, dans mes relations sociales, peut-on découvrir en moi cette vraie charité qui se fait toute à tous, que rien ne rebute, que rien ne décourage, qui ne craint jamais de trop faire, mais plutôt de ne pas assez se prodiguer. Suis-je toujours disposé à être utile, à rendre les petits services qu'on sollicite de

moi ; sais-je même aller quelquefois au-
devant d'une demande qu'on regarderait
peut-être comme indiscrète ? Personne n'a-
t-il jamais à se plaindre de son commerce
avec moi ? Cela ne suffirait pas : l'homme
charitable doit rendre nécessairement la
vertu aimable. Saint François de Sales
veut qu'une personne pieuse soit la mieux
habillée d'une compagnie. Plus que tout
autre, l'homme charitable doit se revêtir
de patience. Sa présence seule doit porter
au bien.

Pratique.

Exercez-vous continuellement à la douceur ; montrez-vous toujours empressé
d'être utile ou agréable au prochain et principalement pendant cette neuvaine ; cher-
chez les occasions d'exercer votre charité.

5e JOUR DE LA NEUVAINE

L'AMOUR DANS LA FAMILLE

La famille, tel est parmi notre prochain le premier objet de notre tendresse, et pour ces êtres qui nous sont unis par tant de liens si doux et si forts, le commandement de la charité nous semble vain et superflu.

Ne nous y trompons pas, cependant : sans doute nous ne parlerons point ici et de l'amour des parents pour leurs enfants et de l'amour des enfants pour leurs parents. Nous ne nous adressons qu'à des cœurs chrétiens, et il n'en est point d'assez dénaturés pour ne pas ressentir, profonds et vivaces, ces sentiments de l'amour paternel et de l'amour filial. Cependant il est des circonstances où la charité nous oblige à quelque chose de plus envers les auteurs de nos jours ; par exemple, lorsqu'ils sont vieux, infirmes, que les soins que nous leur prodiguons leur sont plus nécessaires, et, je ne dirai pas, nous sont moins agréables à rendre, mais exigent le concours de plus d'ingénieuses recherches, de plus de délicates prévenances, de touchante sollicitude. Redoublons alors de piété, de tendresse; que nuls soins n'égalent les nôtres. De même, si parmi vos enfants il en est de moins dotés sous le rapport de l'intelligence, de la santé, de l'extérieur, sachez, sans nuire à la justice et sans tomber dans les écarts d'une tendresse énervante, leur rendre moins pénibles ces privations, leur montrer qu'elles ne nuisent en rien à l'amour que vous leur devez au même titre qu'aux autres.

En parlant ici des devoirs de la charité envers la famille, en ces temps malheureux où la famille n'existe presque plus, où chaque jour l'intérêt, l'ambition, l'envie, les rivalités de tout genre en rompent les liens doux et sacrés, c'est déjà aux enfants d'un même père, d'une même mère, qu'il faut que je m'adresse! Qu'en sera-t-il donc des autres membres de la famille? Oui, à part ces familles privilégiées et tout particulièrement bénies de Dieu, où les principes chrétiens font la base des sentiments d'affection et en assurent la durée, on ne s'aime plus guère de nos jours, et la famille est restreinte à un bien petit nombre de personnes.

Outre les passions mauvaises qui sont les dissolvants de la famille, il est de nos jours deux ennemis principaux qui lui font une guerre désastreuse. D'abord le goût immodéré du luxe, qui enfante souvent l'envie, donne presque toujours naissance aux rivalités d'intérêts, goût toujours mauvais en soi et que l'on ne saurait trop combattre, et qui, par les dépenses exagérées qu'il nécessite, jette parfois la plus grande perturbation dans une famille entière. C'est, en second lieu, chose qui semble fort innocente, et contre laquelle cependant il y a presque du courage à protester de nos jours, tant le mal est général, la fréquentation des cafés, cercles, etc. Ici certainement la chose en soi, et pour autant qu'on n'en abuse point, n'est pas mauvaise; mais c'est que, malheureusement, on en abuse presque toujours, et cela devient un besoin de chaque jour auquel on est impuissant à se soustraire. Que devient dès lors l'esprit de famille, quand toutes ses soirées, c'est-à-dire le seul moment de la journée où l'on pourrait jouir de la famille, on les passe loin de ce milieu bienfaisant? Ah! je connais le prétexte : les affaires; quand certains hommes ont prononcé ce mot-là, ils ont tout dit. Mais n'avez-vous donc pas eu assez de toute votre journée pour ces absorbantes affaires? Et celles du cœur, de la religion, de votre salut, ne doivent-elles jamais avoir leur tour?... Ah! restons le plus possible au sein de la famille, visitons-en souvent tous les membres ; aimons-les, cette atmosphère nous sera toujours salutaire.

Réflexion.

Quels ont été jusqu'ici, dans le sein de la famille, mes rapports avec les divers membres qui la composent? Chef de famille, ai-je eu la charité du commandement et de la correction ; fils ou inférieur, la charité du respect et de l'obéissance; père, ai-je compris toutes les grâces, obligations de la paternité, et en ai-je rempli les devoirs avec toute la sollicitude, la tendresse, le charitable zèle que Dieu exige d'un père chrétien; fils, n'ai-je jamais manqué à aucun des préceptes de la piété filiale; maître, mon autorité s'est-elle toujours exercée d'une manière paternelle; père, mes procédés envers les autres enfants de la famille ont-ils toujours été empreints de cette tendre charité, qui éloigne toute discussion, apaise tout ressentiment, entretient la paix et la bonne harmonie, sachant s'effacer, oublier les petits manques d'égards, fermant l'oreille à ces rapports peu généreux qui refroidissent les cœurs s'ils ne les désunissent, toujours prêt à faire les premières avances, à se rendre utile, à se dévouer? Si Dieu nous fait un commandement de la charité, c'est surtout dans la famille qu'il veut la voir régner. Aussi nous a-t-il mis au cœur des sentiments d'une particulière et naturelle tendresse pour tous ceux qui nous sont unis par les liens de la parenté.

Pratique.

Si vous croyez avoir quelques reproches à vous faire dans votre manière d'être avec l'un ou l'autre des membres de votre famille, n'hésitez pas à réparer immédiatement vos torts et imposez-vous tous les sacrifices pour le maintien de la paix et de la concorde; que votre famille soit par excellence une famille chrétienne; aidez-y de tous vos moyens.

6ᵉ JOUR DE LA NEUVAINE

LE GÉNÉREUX SUPPORT DU PROCHAIN

Une des causes fréquentes de désunion dans les familles est le peu de générosité que l'on a pour les défauts d'autrui. Notre orgueil est si ingénieux, que ce que nous prenons pour le zèle du prochain n'est souvent qu'une susceptibilité ombrageuse qui, en nous faisant fermer les yeux sur nos propres défauts, nous exagère les imperfections des autres et nous les rend insupportables. Si tous étaient parfaits, dit l'auteur de l'*Imitation*, qu'aurions-nous de leur part à souffrir pour Dieu ? Dieu l'a ainsi ordonné, pour que nous apprenions à porter le fardeau les uns des autres ; car chacun a son fardeau, personne n'est sans défauts, nul ne se suffit à soi-même... Peut-être avez-vous à vivre avec des êtres injustes, exigeants, entêtés, d'humeur inégale, d'esprit faux, d'intelligence obtuse, sans loyauté, sans religion, sans cœur. Mon Dieu, faites l'aumône à toutes ces pauvretés ; un peu de douceur, de patience, de touchante compassion, quelques marques non équivoques de sympathie, et toutes ces maladies qui vous paraissent dès l'abord incurables, qui vous rebutent, vous découragent, vous y porterez remède, vous les guérirez peut-être. Les maladies du corps ne sauraient effrayer votre courage ; vous y consacrez volontiers tous vos soins ; ne faites pas moins pour ces maladies de l'âme ; et pour ceux que Dieu vous ordonne particulièrement d'aimer, redoublez de condescendance. Imitez Notre-Seigneur Jésus-Christ, qui usa toujours de la plus excessive bonté envers ces hommes grossiers qui furent ses apôtres, et qui répond à toutes nos ingratitudes par de nouvelles faveurs et de continuels bienfaits. Réformons-nous avant de vouloir réformer les autres. Voyons d'abord la poutre que nous avons dans l'œil avant de remarquer la paille qui se trouve dans l'œil de notre voisin. Répondons, si nous sommes vraiment chrétiens et animés d'un véritable esprit de charité, aux mauvais traitements par de bons procédés, aux paroles dures et blessantes par quelques paroles de douceur et de bonté. Sachons toujours retenir sur nos lèvres un mot piquant, un sourire moqueur ou offensant.

Réflexion.

Quelle a été jusqu'ici ma patience, mon indulgence envers ceux avec qui je suis appelé à vivre ? Ai-je supporté non pas seulement les injustices, les offenses, mais un simple manque d'égard, une plaisanterie qui n'avait pas l'intention de m'être pénible ? N'ai-je pas souvent mal interprété la conduite d'autrui ? Et pour ceux qui m'auraient offensé réellement, sais-je pardonner, sais-je même répondre au mal par le bien ? Que de légèreté souvent dans mes appréciations sur le prochain, que je n'ai point à juger ! Que d'empressement à m'excuser des moindres fautes ! Que n'ai-je souvent à la pensée la conduite de saint Vincent de Paul, qui se laissa accuser de vol sans vouloir se justifier ! Car, disait-il,

si le défaut qu'on nous reproche n'est pas
en nous, combien n'en avons-nous pas
d'autres pour lesquels nous devons aimer
la confusion et la recevoir sans nous justifier, et encore moins sans nous indigner
ni emporter contre celui qui nous accuse.
Quels exemples de patience ne nous a
point donné, durant tout le cours de sa vie
mortelle, le doux Sauveur des hommes. Je
veux à l'avenir jeter souvent les yeux sur
ce divin modèle du support et de la
condescendance.

Pratique.

Étudiez-vous chaque jour à extirper en
vous quelque défaut ; plus vous serez sé-
vère envers vous-même, plus vous serez
indulgent envers les autres. Demandez souvent à Celui qui veut que nous apprenions
de lui à être doux et humbles de cœur,
qu'il vous donne la vertu de la patience.

7e JOUR DE LA NEUVAINE

L'ESPRIT DE PAIX

Parmi les personnes au milieu desquelles vous êtes appelé à vivre, il peut s'en trouver d'esprit querelleur et contrariant, se plaisant dans les discussions et les contestations. Sachez les supporter charitablement et surtout ne vous laissez jamais aller à combattre avec eux, à soutenir votre opinion contre eux, quelque raisonnable qu'elle puisse être. Qu'importe qu'on ne vous donne point raison, pourvu que la raison soit de votre côté. Prenez-y bien garde; l'orgueil, toujours mauvais conseiller, vous portera à faire prévaloir votre sentiment, à vous donner la vaine satisfaction de faire triompher vos idées! Dites ce que vous croyez être le vrai, le bien, dites-le simplement, et si l'on ne se rend point à vos raisons, rompez là-dessus et que tout soit dit. Ces discussions ne sont propres qu'à troubler la paix, et quel bien peut se produire là où tout est désordre et brisement continuel? Évitez tout sujet de conversation où vous sauriez rencontrer parmi les personnes qui vous entourent des opinions contraires aux vôtres. N'abordez point, autant que possible, le terrain de la politique, terrain toujours brûlant, où il est rare que l'on ne s'échauffe point de part et d'autre, et où l'on ne convainc jamais personne. Fuyez encore bien plus les discussions en matière religieuse. Outre que l'objet est de trop grande importance pour être traité en conversations oiseuses et légères, vous n'auriez peut-être point à votre service les forces nécessaires pour lutter victorieusement; déclinez alors votre compétence et détournez, autant que faire se peut, la conversation. Il est bien entendu que si votre âge ou votre position dans la famille vous donne le droit d'être entendu et vous fait un devoir de parler, il faut, si l'on vous demande de le faire, exposer aussi clairement et aussi brièvement que possible votre manière de voir.

Enfin, il est des cas où ce nous est un pénible devoir de parler. C'est lorsque nous avons quelques écarts à réprimer, quelque injustice à empêcher, en un mot, quand le bien-être moral ou matériel de la famille semble être en jeu, et que nous en sommes regardés à bon droit comme la sauvegarde. N'hésitons point dès lors à remplir les obligations qui nous incombent. Quelque pénible que soit en ces circonstances notre mission, sachons dire ce qu'il faut dire, sachons agir comme le devoir l'exige; mais sachons ménager les susceptibilités et, tout en usant de la sévérité ou de l'énergie voulues, ne manquons jamais aux lois de la charité.

Non-seulement dans vos paroles, mais dans vos moindres actions, évitez toute contestation, toute division. Il est bien plus facile de conserver la paix que de la rétablir. Pour vivre en paix, il suffit de veiller sur soi-même, on n'a affaire qu'à soi; pour réconcilier des esprits divisés, c'est à deux parties adverses qu'on a affaire, Que d'efforts à déployer souvent en vain! Ah! mon Dieu, donnez-moi cet amour de la concorde, qui règle toutes mes paroles et toutes mes actions, de manière à ne jamais troubler l'union de la famille; qu'au contraire, je sois le lien qui ramène les parties du faisceau qui tendraient à se disjoindre. Inspirez ma conduite, accordez-moi cette charité qui se fait tout à tous, qui se fait aimer et qui, par conséquent, peut tout dire, tout oser; qui apaise tout ressentiment, guérit toute blessure, ramène les esprits divisés ou égarés, et fait de la famille un avant-goût de votre paradis.

Réflexion.

Si l'on voulait, on éviterait souvent bien des contestations; mais l'orgueil, l'irréflexion, la légèreté, nous fait souvent parler plus qu'il n'est nécessaire, et une parole imprudemment lancée peut quelquefois produire des effets déplorables. Où en suis-je sous ce rapport? Sais-je, dans l'intérêt de la paix, renoncer parfois à mon propre sens, et ne pas chercher à imposer mes convictions? Sans doute il est de ces questions qui nous tiennent au cœur, et il peut parfois s'élever en nous un désir bien naturel de porter la persuasion dans l'esprit de ceux qui nous sont chers, alors qu'ils ne partagent point nos opinions, nos sentiments. Évitons cependant un zèle imprudent. En voulant le bien, prenons garde de produire le mal. Souvenons-nous souvent qu'une prière a presque toujours plus d'efficacité qu'un discours, qu'une dissertation quelconque. Si, par malheur, la concorde ne règne pas dans votre famille, soyez l'ange de la paix. Mettez tout en œuvre pour ramener l'union dans les cœurs. Excusez les fautes, palliez les défauts, faites ressortir les bonnes qualités. Sachez aussi temporiser, s'il le faut, attendre le moment opportun pour arriver à un raccommodement. Partout, quand il y a eu griefs réels, laissez un peu apaiser la passion. Si vous vous y opposez trop vite, vous risquez de l'exaspérer et de la rendre indomptable pour longtemps. Enfin, recommandez la chose au bon Dieu, à l'Esprit-Saint pour qu'il vous éclaire, à la très-sainte Vierge pour qu'elle vous aide, et tous ces nœuds gordiens qui vous paraissaient inextricables deviendront faciles à dénouer.

Pratique.

Soyez attentif à vos conversations pour ne rien dire qui donne matière à quelque contestation ; évitez tout ce qui pourrait blesser le prochain, et si par malheur quelque brouille, quelque refroidissement existait entre des membres de la famille, faites ce qui dépendra de vous pour rétablir la paix.

8ᵉ JOUR DE LA NEUVAINE

L'ÉGALITÉ D'HUMEUR

Un des caractères de la charité et l'un des plus aimables aspects sous lesquels elle se montre à nous, c'est l'égalité d'humeur, qualité bien rare, qui fait parfois défaut aux personnes d'une charité, d'une piété reconnue, et que l'on prise non-seulement parce qu'elle n'est pas commune, mais parce que rien n'est plus agréable que le commerce de ceux qui en sont doués. Nous l'entendons quelquefois vanter ce don précieux. Quel heureux caractère, dit-on, il est toujours de bonne humeur. Ce qu'il ne faut point toutefois confondre avec ces tempéraments apathiques que rien n'émeut, pas plus le bien que le mal et qui, s'ils sont incapables de faire le mal, sont tout autant dépourvus d'aptitude pour le bien. Non, ce n'est point là ce que nous nous plaisons à admirer dans une humeur

6

toujours égale. Un caractère toujours uni-
forme, qu'aucune contrariété ne trouble,
que la maladie ne saurait aigrir, que les
revers, les chagrins sont impuissants à dé-
courager, à abattre, c'est l'indice d'une
grande vertu, d'un courage tout viril, tout
chrétien, et que nous voudrions voir l'apa-
nage de tous les hommes charitables. Sont-
ce vraiment des âmes pieuses, celles qui
subissent tous les caprices d'une inégale
humeur? Quelle triste idée ne donnent-
elles pas de la vertu, ces personnes réputées
dévotes, qu'on ne sait jamais comment satisfaire, qui rudoient les domestiques ou
du moins ne savent jamais en conserver,
tant leur humeur fantasque et bizarre, difficile et grondeuse, souffre difficilement la
moindre irrégularité, supporte impatiem-
ment les plus excusables défauts; qui, dans
la maladie, sont des despotes de la pire
espèce pour tous ceux qui les entourent et
leur prodiguent des soins; que la plus petite contrariété, le moindre désagrément
bouleversent; qui, à la première opposition
qu'elles rencontrent, se répandent en invec-
tives, en paroles aigres et violentes!... Cer-

tainement, plus d'une fois dans la vie, il se présente des circonstances fâcheuses, de véritables épreuves de nature à vivement impressionner les esprits les plus patients et les plus fortement trempés. Il arrive que la maladie prend sur nos faibles organes un si irrésistible empire que l'âme ne se possède pas toujours au même degré. Quoi qu'il en soit, le véritable chrétien, l'homme vraiment charitable, n'est jamais à ce point esclave des causes extérieures qu'il ne puisse en ces circonstances être assez maître de sa volonté, je ne dirai point pour ne pas ressentir en son corps ou dans son âme les aiguillons de la souffrance, mais du moins pour n'en point faire rejaillir sur son entourage les douloureux contre-coups.

Réflexion.

Quelle a été jusqu'ici ma conduite envers ces personnes de caractère mobile? Ai-je accueilli leurs caprices avec cette patience qui endure tout sans se rebuter, qui s'accommode de tout? Comment ai-je supporté les bizarreries de tel malade imaginaire, se plaignant à chaque instant de sa santé et cherchant en vain mille remèdes pour guérir des maux qu'il n'avait point? Comment près de cet autre, que la maladie faisait réellement souffrir, ai-je fait pour lui aider à oublier ses maux par des soins empressés à satisfaire ses fantaisies, à lui procurer tous les soulagements possibles? Ne me suis-je jamais lassé de leurs exigences, froissé de la manière dont ils recevaient peut-être parfois mes conseils ou mes bons offices?

Et moi-même, n'ai-je jamais fait souffrir les autres des inconstances, des variations de mon humeur? Suis-je toujours maître de moi-même, de mes impressions? Sais-je garder une sage retenue, ne me livrant pas un jour à des joies exagérées pour retomber le lendemain dans des tristesses inexplicables? Ne me voit-on jamais en proie aux humeurs noires, atteint du spleen, cette maladie morale qui, à coup sûr, n'est pas catholique? Ceux qui vivent avec moi peuvent-ils dire en vérité qu'ils me voient toujours de la même humeur? Ne suis-je pas d'un caractère chatouilleux et susceptible? Une remarque peu obligeante sur moi ou les miens, une critique indirecte, moins que cela, une innocente taquinerie ne suffirait-elle point pour déranger mon équilibre et me mettre hors de moi? Je veux à l'avenir, non-seulement supporter avec indulgence et bonté les capricieuses humeurs du prochain, mais veiller attentivement sur les inégalités de mon caractère.

Pratique.

Pour dompter vos inégalités d'humeur, crucifiez-vous avec Jésus-Christ; recourez chaque jour et plusieurs fois par jour à la pratique de la mortification intérieure; habituez-vous à combattre vos désirs, à ne point satisfaire tous vos goûts; faites chaque jour un petit sacrifice à Dieu, il vous le rendra au centuple, il vous fera triompher de vous-même.

9ᵘ JOUR DE LA NEUVAINE

LA CHARITÉ ENVERS LES MALADES

Le plus noble exercice de la charité est certainement le soin que l'on prodigue aux malades. Personne n'est à l'abri de cette pénible épreuve qu'il a plu à la divine bonté d'infliger à l'humanité par ce triste cortége de maladies sans nombre, comme moyen de racheter nos péchés, de nous purifier de nos fautes. Si nous étions plus plus sages, nous comprendrions mieux les desseins de la miséricorde divine, nous saluerions avec joie les maladies qui nous arrivent, nous bénirions cette main paternelle de Dieu, qui ne châtie momentanément nos corps coupables que pour faire jouir éternellement nos âmes du bienfait inestimable de la Rédemption. Malheureusement, il en est bien peu qui acceptent avec amour les croix de la maladie, de la souffrance. Disons plus, bien petit est le nombre de ceux qui savent les supporter avec patience et résignation. Sachons être de ce nombre-là; que du lit où la douleur nous retient ne s'exhale ni murmure, ni impatience. Un bon chrétien doit savoir être bon malade. Acceptons généreusement l'épreuve qui nous est envoyée, quelle qu'en soit l'amertume, quelle qu'en soit la durée. Béni soit Dieu dans ses châtiments comme dans ses récompenses, dans la joie comme dans la tristesse, dans les biens comme dans les maux, en tout, partout et toujours. Telle doit être notre devise. Demandons surtout qu'on n'use point à notre égard de ces funestes délicatesses qui, pour ne point effrayer un malade, font remettre souvent les soins spirituels que réclament sa position. Exigez qu'on vous avertisse de la nécessité de recevoir les derniers sacrements ou, mieux encore, allez au-devant d'un avertissemement toujours pénible à donner, surtout de la part de parents ou d'amis, et n'attendez point le dernier moment pour recourir au divin Médecin de nos âmes, qui peut, alors que tout semble désespéré, guérir encore nos corps succombant sous la maladie, s'il le juge plus favorable pour notre salut. Ce service important que nous attendons des autres, il va sans dire que nous regarderons comme un devoir de le rendre à notre prochain. Aurions-nous la conscience en repos, si, par notre faute, notre coupable faiblesse, notre impardonnable incurie, un malade mourait sans avoir reçu les derniers sacrements, si son salut était ainsi compromis? Non, jamais nous ne manquerons à ce devoir essentiel et sacré. Mais nous ne négligerons point pour cela toutes les ressources de l'art. Nous serons pour nos malades l'ange consolateur assis à leur chevet, toujours prêts à leur présenter le breuvage salutaire, à les entourer de nos soins les plus compatissants et les plus doux, empressés à soulager leurs souffrances, à calmer leurs tourments. En cas de maladie grave, sachons surtout maîtriser nos justes douleurs et n'ajoutons pas aux inquiétudes, aux angoisses de nos malades par l'expression de notre faiblesse, par le spectacle de nos larmes et de notre affliction.

Réflexion.

Quelle a été jusqu'ici ma conduite dans la maladie? Comment ai-je accepté cette croix des souffrances que Dieu m'envoyait? Le médecin, ceux qui me soignaient n'ont-ils jamais eu à se plaindre de mon impatience, de mon mauvais accueil? Sais-je dans la maladie garder une juste mesure, ne me laissant point abattre au moindre ressentiment de la souffrance, ne prenant des soins pour un mal sérieux que lorsque la trop grande négligence en a considérablement augmenté les proportions et rendu le remède moins efficace, la guérison plus douteuse? Ces deux extrêmes ne sont pas moins répréhensibles si je m'abandonne, en effet, trop facilement à la moindre petite douleur, les soins de ma chétive personne absorberont de plus en plus mon esprit, et ne me rendront plus guère apte à autre chose qu'à m'occuper sans cesse de cette précieuse et délicate santé; si, au contraire, je me raidis trop contre la douleur, je néglige totalement les soins que peut réellement exiger une santé compromise, la maladie, prenant chaque jour plus d'empire, finira par m'empêcher de remplir mes divers devoirs d'état, de position.

Quelle est ensuite ma conduite envers les malades? Ma patience, ma douceur, mon dévouement? Avec les enfants, l'état de maladie n'est-il point pour moi une occasion de faiblesse, en ne les réprimandant point, en ne les reprenant point de leurs défauts, sous prétexte qu'ils sont souffrants? Certainement, il faut dès lors user de plus de ménagements. Mais est-ce une raison pour s'abstenir de toute direction et abdiquer son rôle de parent, de supérieur? Envers les autres malades, quels sont mes soins, mon zèle, mon dévouement? On prétend qu'à force d'avoir sous les yeux le spectacle de la souffrance, le cœur s'endurcit, la charité s'émousse. C'est possible, quand on n'en tire profit ni pour soi, ni pour les malades qu'on a sous les yeux. Mais l'exercice de la charité n'a jamais desséché le cœur de personne; il le dilate, au contraire, et le réchauffe d'une ardeur nouvelle pour soulager de nouvelles misères...

Pratique.

Dans la maladie, unissez vos souffrances à celles de Jésus, c'est le moyen de les apaiser et d'en recueillir du mérite. Sachez prendre le milieu entre des soins trop minutieux et trop délicats, et une rigueur, une négligence, dont l'accomplissement de vos divers devoirs pourrait se ressentir. En présence des maladies montrez-vous animés de la plus compatissante bonté, et à côté du corps qui souffre, n'oubliez jamais l'âme qui est, peut-être, tout aussi malade, et qu'il faut soigner et sauver en premier lieu.

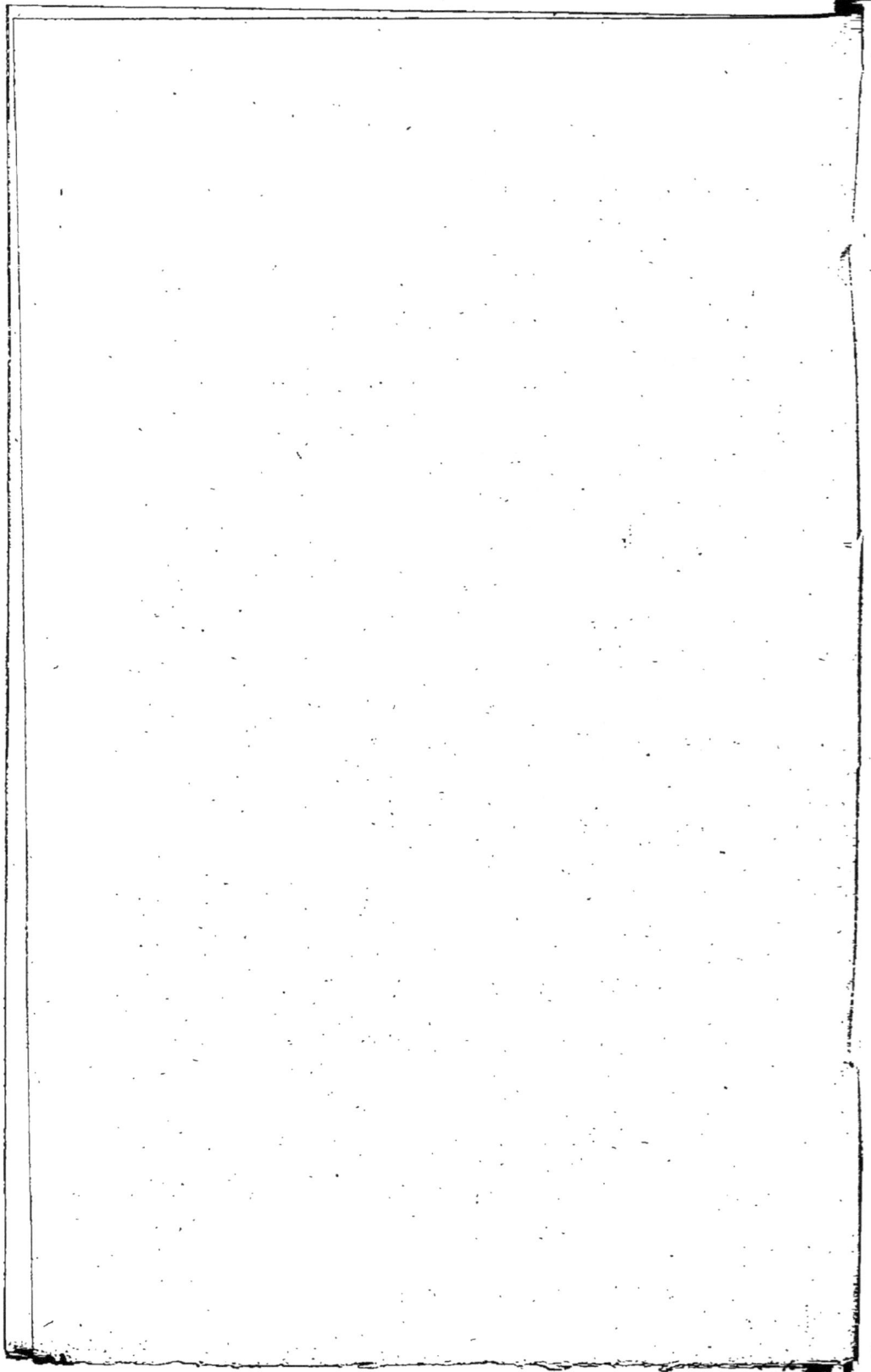

TRIDUUM

EN L'HONNEUR DE SAINT VINCENT DE PAUL.

Ier JOUR DU TRIDUUM

PIÉTÉ ENVERS LES MORTS

Les doux et forts liens de la famille, ceux si purs et si bienfaisants de l'amitié, survivent heureusement à la courte durée de la vie, si justement comparée dans les saintes Ecritures à la fleur qui, éclose le matin, est déjà fanée vers le soir. Consolez-vous, âmes chrétiennes, âmes aimantes, dont la religion épure les sentiments. Vous le savez, ce père chéri, cette mère tendrement aimée, ces frères, ces sœurs ravis à votre affection, ces amis que vous pleurez, votre foi vous le dit, ils ne sont point perdus pour vous. La séparation est cruelle, sans doute, et vos larmes sont bien légitimes. Mais attendez : dans peu vous retrouverez tous ceux qui vous furent chers, vous jouirez de toute leur tendresse, près du Dieu d'amour, dans la société de Marie, le modèle des mères, de Jésus, le modèle des fils, de Joseph, le modèle des pères et des époux. Non, vous n'êtes point même séparés. Car, admirez encore ici la bonté de votre Dieu, ces êtres si chers, auxquels pendant la vie vous vous estimiez heureux de pouvoir offrir les témoignages de votre amour, vous pouvez encore leur prodiguer les trésors de votre chrétienne et charitable affection. Vous étiez unis en Dieu sur la terre, vous l'êtes encore par les mérites de la prière et des bonnes œuvres, alors que vous êtes retenus loin de la céleste patrie où ils vous ont devancés. Orphelins, séchez vos larmes, vous n'avez point perdu vos parents bien-aimés : ils veillent, ils prient pour vous. Du haut des cieux ils implorent pour vous ceux qui avant eux furent votre père et votre mère,

et qui, cédant à leurs pressantes sollicita-
tions, consentent à partager de nouveau
avec eux les sollicitudes de la paternité,
ce dont vous aviez démérité peut-être par
vos péchés. Et vous, de votre côté, vous
pouvez exercer encore envers eux votre
piété filiale. Vous pouvez les faire partici-
per à tout ce que vous ferez de bien sur la
terre. Vos mérites leurs sont applicables,
vos bonnes œuvres peuvent leur profiter.
Combien ne devons-nous pas remercier le
bon Dieu d'avoir permis cette communion sainte entre les âmes des vivants et
celles des morts.

O chers morts, non, les embarras, les
soucis de la terre d'exil, les occupations,
les joies, les plaisirs, rien de ce qui peut
prendre une place dans la vie humaine,
ne saurait détourner ma pensée du culte
que je vous avais voué pendant la vie et
que je veux vous continuer après votre
mort. De votre côté, daignez veiller sur
moi, sur tous les membres de la famille,
principalement sur ceux qui ont le plus
besoin de prières. Ils vous oublient peut-
être, mais l'oubli ne peut arrêter votre

miséricorde, si près que vous êtes de ce Dieu qui ne cesse de nous combler de ses bienfaits, malgré notre incessante ingratitude...

Réflexion.

A la douleur que manifestent la plupart de ceux qui viennent de perdre une personne chère, il semble que la vie ne puisse pas avoir pour eux le moindre charme et qu'une tristesse éternelle doive être leur partage. L'expérience nous démontre au contraire que ces douleurs qui ont fait tant de bruit sont promptement apaisées. C'est que la religion, qui donne leur mesure aux sentiments, est absente de ces cœurs ulcérés. L'homme irréligieux se raidit contre la couche de douleur ou s'abandonne à toute la vivacité de ses chagrins, sans consolation comme sans espérance. En est-il, sinon dans les motifs que la foi nous fournit? Peu à peu, et le moment en est rarement très-éloigné, il est détourné de ces tristes pensées par ses affaires, ses charges, ses fonctions, ses préoccupations de tout genre qui absorbent sa vie, et le pauvre mort, dont le souvenir devait être immortel, est bientôt oublié !... Quelquefois, au contraire, nous assistons au désolant spectacle de ces douleurs sans larmes où s'engourdit tout sentiment de piété, et qui rendent indifférent, et même insipide, tout ce qui a rapport à la vertu.

L'homme pieux ne tombe point dans ces deux extrêmes. Quoiqu'il n'aperçoive pas toujours les motifs des épreuves qui l'atteignent, il sait qu'il y a toujours lieu de bénir, de glorifier Dieu, même quand sa main s'appesantit sur lui. Il vit dans le souvenir de ceux qu'il a perdus, marchant sur les traces de leurs vertus, implorant sur lui leur salutaire intercession, implorant pour eux la miséricorde du souverain Juge. C'est ainsi, chrétiens, que nous comprendrons nos devoirs, notre charité envers nos morts. Dieu ne nous défend point les larmes. Jésus pleura lui-même sur Lazare. Mais ces larmes ne seront point stériles, et nos regrets se traduiront en œuvres dont profiteront les âmes de ceux que nous avons aimés.

BIBLIOTHÈQUE NATIONALE R.F. IMPRIMÉS

7

Pratique.

Pensez souvent aux âmes du Purgatoire ; offrez à leur intention une bonne partie de vos œuvres, entendez la messe, faites célébrer pour elles le Saint-Sacrifice, qu'elles aient part à toutes vos communions. Le jour des morts, redoublez de prières pour eux et faites une communion toute spéciale pour leur délivrance.

2ᵉ JOUR DU TRIDUUM

LE BON EXEMPLE

Il est une charité à laquelle on ne pense réellement pas assez, et qui est cependant bien facile à exercer. Tout homme n'est point doué d'une fortune telle qu'il puisse déverser dans les mains de l'indigence d'abondantes aumônes. Notre position ne nous permet pas toujours d'aller lui porter ces conseils, ces consolations du visiteur du pauvre, aumône plus puissante encore. Mais ce que tous nous pouvons faire, ce que tous nous sommes obligés de faire, c'est de donner le bon exemple. Point de prédication plus éloquente que celle-là, ou plutôt vous parlerez en vain, vos exhortations seront superflues, si votre conduite ne donne le poids à vos discours, si votre vie ne parle pour vous et n'appuie de toute l'autorité de ses exemples ce que vous vous efforcerez d'obtenir des autres.

« Noblesse oblige, » disait-on autrefois. Appliquons-nous cette devise. Le titre de chrétien oblige, celui de disciple de saint Vincent de Paul oblige, s'il se peut, plus étroitement encore. Car si nous voulons moraliser nos pauvres, si nous voulons les rendre heureux en les rapprochant de Dieu, en les rappelant à leurs devoirs, de toute nécessité il faut que nous prêchions d'exemple. Plus votre position est élevée et plus naturellement les yeux seront tournés vers vous afin de pouvoir s'inspirer de votre conduite. Ne croyons pas qu'il y ait rien d'inutile sous ce rapport. Les conséquences d'un fait simple en apparence posé par vous peuvent être considérables. « Un tel l'a fait, dira-t-on, pourquoi ne pourrai-je en faire autant?... » Et notez que, malheureusement, ce sont presque toujours les choses un peu répréhensibles dont on s'autorise ainsi, dont on s'excuse par l'exemple d'autrui ! L'homme n'est que trop porté à l'imitation, et s'il n'avait que de bons exemples sous les yeux, quelle somme de bien ne verrions-nous point sur la terre !

Dieu merci, si la contagion du mal est

grande, si de nos jours elle fait de nombreuses et déplorables victimes, le bien
aussi exerce sa contagion, et c'est à cette
généreuse émulation, à cette salutaire at-
traction des âmes que nous devons toutes
ces œuvres de la charité qui étonnent, sou-
lagent et convertissent le monde. Sans
doute, le respect humain, ce lâche ennemi
du bon exemple, l'égoïsme avec ses calculs,
l'indifférence et sa froide inaction, paraly-
sent souvent et énervent les bonnes volon-
tés. « Je veux faire comme tout le monde,
souffle l'esprit du mal ; je ne veux point
me singulariser, être exagéré, exalté!... »
Faire comme tout le monde, est-ce possible ? Car, enfin, le monde est partagé en
deux camps, comme il le sera dans la suite
des temps ; nous avons le camp des méchants, des impies, plus tard des réprou-
vés. Nous avons celui des bons, des hommes attachés à leur foi, qui remplissent
leurs devoirs, plus tard le camp des bienheureux. De quel côté voulons-nous être ?
Entre les deux ? avoir un pied dans le ciel
et l'autre dans l'abîme ? Notre sort serait
facile à prévoir dans ce cas, et l'abîme,

insensiblement, nous attirerait tout entier. Non, non ; point de crainte, point de lâcheté. Ne nous arrêtons point dans la voie du bien. Marchons toujours en avant, nous nous singulariserons au milieu des méchants et des pervers, que nous n'imiterons point. Nous ne serons ni exagérés, ni exaltés aux yeux des saints, sur les traces desquels nous marcherons, coûte que coûte.

Réflexion.

Puis-je, après avoir scrupuleusement sondé les replis de ma conscience, être certain de n'avoir jamais donné le mauvais exemple ? Ah ! si jamais, d'une manière quelconque, j'ai eu le malheur de scandaliser le prochain, je réparerai le mieux que je pourrai le mal que j'aurai causé, je tâcherai de faire le plus de bien possible à ceux qui auraient eu à souffrir par ma faute, je prierai chaque jour pour eux, et dorénavant, je rachèterai ces fautes par un redoublement de ferveur. « *Malheur à celui par qui le scandale arrive,* » dit l'Ecriture.

Il est une sorte de scandale que nous

donnons quelquefois à notre insu. Il n'est point difficile de ne point scandaliser les mauvais. Pour des hommes qui se respectent et qui n'ont point perdu tout sentiment de religion, il n'est point difficile, non plus, de ne point donner le mauvais exemple. Mais pour des hommes de foi, pour des chrétiens fervents, il ne faut point qu'ils donnent jamais au monde le scandale de leur tiédeur, de leur respect humain, de leur indifférence. Vous remplissez vos divers devoirs de chrétiens, on vous voit fréquenter l'église, vous appartenez même à certaines associations pieuses; tout cela est très-bien; mais par cela même il faut vous observer doublement, car il vous sera facilement octroyé par le monde un brevet de dévotion, voire de sainteté, et pour peu que votre conduite ne soit pas conforme en tous points à la réputation que vous vous êtes faite, jugez de quel poids doivent être les exemples que vous donnez! Homme politique, fonctionnaire, magistrat, négociant, ce que vous devez être en tout et pour tous, c'est un véritable chrétien. Que vos opinions politiques soient formées par le sentiment chrétien ; que vos journaux, vos lectures soient dignes d'arrêter des regards chrétiens. Pères de famille, soyez le modèle des pères chrétiens, ne confiez vos enfants qu'à des maîtres, qui en feront avant tout de bons, de solides chrétiens. Que vos plaisirs même soient toujours de ceux que puisse goûter une âme vraiment chrétienne. S'il en est autrement, vous serez un sujet de scandale pour plusieurs. Et loin de là, il faut que vous soyez un exemple, un modèle pour tous. » *Soyez parfaits comme votre Père céleste est parfait.* » Faisons, le mieux que nous pourrons, toutes nos actions, avec la plus grande pureté d'intention pour la plus grande gloire de Dieu, par amour pour Dieu, qui ne refuse point sa grâce aux hommes de bonne volonté. Imitons les exemples des saints, prenons-en quelques-uns pour patrons, pour modèles, et marchons généreusement sur leurs traces.

Pratique.

Invoquez souvent les secours de l'Esprit-

Saint; priez pour ceux qui ont le malheur de scandaliser le prochain. Ayez une grande dévotion au sacré Cœur de Jésus, et tous les vendredis du mois, le premier principalement, faites réparation à ce divin Cœur de tous les outrages qu'il peut recevoir. Faites-vous, par le culte des saints, de puissants intercesseurs auprès de Dieu.

IIIᵉ JOUR DU TRIDUUM

CONTRE LA MÉDISANCE

Il est un genre de scandale, que donnent malheureusement quelquefois les personnes pieuses. C'est celui de la médisance. Dans ces réunions oiseuses du monde surtout, il est peu de conversations goûtées et écoutées qui ne roulent sur quelques défauts, quelques travers, quelques ridicules du prochain. Rien de plus facile que de faire de l'esprit à si peu de frais, et, comme on l'a fait remarquer, c'est vraiment l'esprit de ceux qui n'en ont pas. On veut briller quand même, on veut amuser par ses réparties, faire rire par ses saillies, faire applaudir ses bons mots, et l'on va déchirant à belles dents ses voisins, ses amis, quelquefois même ses propres parents; et si les bouches sont peu susceptibles, les oreilles peu délicates, on ira de pente en pente jusqu'à dévoiler les petites turpitudes, les petites infamies, qui ne se cachent que trop souvent derrière ces existences brillantes et enviées de ce qu'on appelle le monde. Triste rire que celui qui fait couler des larmes, amène le froid dans les familles, la division dans la société! Car ces plaisanteries, prétendues innocentes, ont, presque infailliblement, cette déplorable conséquence, de tuer l'affection envers celui qui en est l'objet et aussi envers celui qui en est l'auteur. Badinages, espiègleries, indices non équivoques d'un esprit au moins léger, mais à coup sûr peu charitable et peu chrétien ! Nous connaissons autour de nous des défauts, nous pourrions avertir charitablement, y porter remède, et, loin de là, nous en plaisantons, et avec ce verre grossissant que l'amour-propre nous met sur les yeux, nous nous les grandissons, nous les rendons ridicules et insupportables, nous en parlons non une fois, mais sans cesse et à tous, et, impitoyables dans nos dénigrements, devant ceux même qui en souffrent, et qui ressentent les contre-coups des traits que décoche notre langue envenimée. « *Si quelqu'un ne pèche point en pa-*

roles, dit l'apôtre saint Jacques, *c'est un homme parfait*. » Voyez : nous mettons des mors dans la bouche des chevaux afin qu'ils nous obéissent, et ainsi nous faisons mouvoir tout leur corps en tout sens, à notre volonté. Voyez aussi les vaisseaux, quelle que soit leur grandeur et la violence du vent qui les chasse, ils sont mus de tous côtés par un petit gouvernail, au gré du pilote qui les conduit. De même aussi la langue n'est qu'une petite partie du corps, et que de grandes choses ne fait-elle pas en bien comme en mal ! Voyez combien peu de feu suffit pour embraser une grande forêt. La langue aussi est un feu, ce feu dévore la réputation des individus, les liens de l'amitié, la paix des familles, le calme des cités, la prospérité des Etats ; il dévore la vérité et la vertu.

Ajouterai-je que l'on peut affirmer que ceux qui ont la triste habitude de la médisance ont en même temps celle du mensonge, de l'exagération ? et nous savons ce que deviennent l'exagération et le mensonge quand il s'agit de médisance !

Réflexion.

S'il n'y avait point d'oreilles faciles à écouter les cancans et médisances, il y aurait moins de bouches pour les débiter. Il ne suffit donc point ne ne pas dire du mal de son prochain, il faut savoir ne pas l'écouter. Quand devant nous on médira du prochain, sachons tout doucement détourner la conversation et montrer qu'elle ne nous plaît point, ou atténuer ce qu'on dit de mal de la personne absente, soit en excusant ses défauts, interprétant favorablement les actes qu'on lui reproche, soit en faisant ressortir ses bonnes qualités, tout ceci avec douceur et simplicité, non point pour faire ressortir notre indulgence et notre générosité, comme certaine dame pieuse, qui se bouchait les oreilles toutes les fois que les conversations tournaient à la médisance. Veillons aussi à nos paroles ; il est quelquefois bon que le mal soit connu, que les méchants soient démasqués. Mais alors que vos déclarations ne prennent point les dehors de la médisance, que ce soient des avertissements charitables pour les personnes qui vous entendent et qui seraient peut-être sans cela victimes d'une conduite hypocrite ou d'une confiance mal placée. Pour tout ce qui regarde les personnes et les choses de la religion, usons de la plus grande circonspection. En admettant qu'il y ait à blâmer, les choses seront assez tôt divulguées par ces folliculaires impies toujours en quête d'un scandale, surtout quand ils espèrent qu'il pourrait en rejaillir de la boue sur cette religion, qu'ils voudraient anéantir. N'ajoutons pas une foi immodérée à ces annonces perfides ; ne nous en faisons point surtout les colporteurs. Ménageons les faibles que pourraient émouvoir ces défaillances qu'ils ne comprennent point et pour lesquelles ils montrent une indignation qui n'est qu'un involontaire hommage rendu au saint caractère du prêtre, à son auguste ministère.

Pratique.

Je veillerai attentivement à mes paroles

pour ne faire tort en quoi que ce soit au prochain. Entre confrères de Saint-Vincent de Paul, craignons de nuire à la cordialité, qui doit régner entre nous, par une médisance quelque légère qu'elle soit. Ne médisons point non plus de nos pauvres, nous refroidirions le zèle qui doit nous animer pour leur soulagement.

NOTA. Dans l'intention de celui qui écrivit ces quelques pages, il devait y avoir trente-une Méditations à l'usage des membres de Saint-Vincent de Paul. L'ensemble de ces Méditations aurait formé un petit *Mois de Juillet consacré à saint Vincent de Paul.* La mort est venue interrompre le travail du pieux auteur, et nous avons recueilli ici, sous forme de *Neuvaine* et de *Triduum,* tout ce qu'il avait déjà composé.

FIN

TABLE DES MATIÈRES

Imp. L. Hébrail, Durand et Delpuech.

5
9
1

3
3
9

4
0
5
1
5
1
6

3
9
6

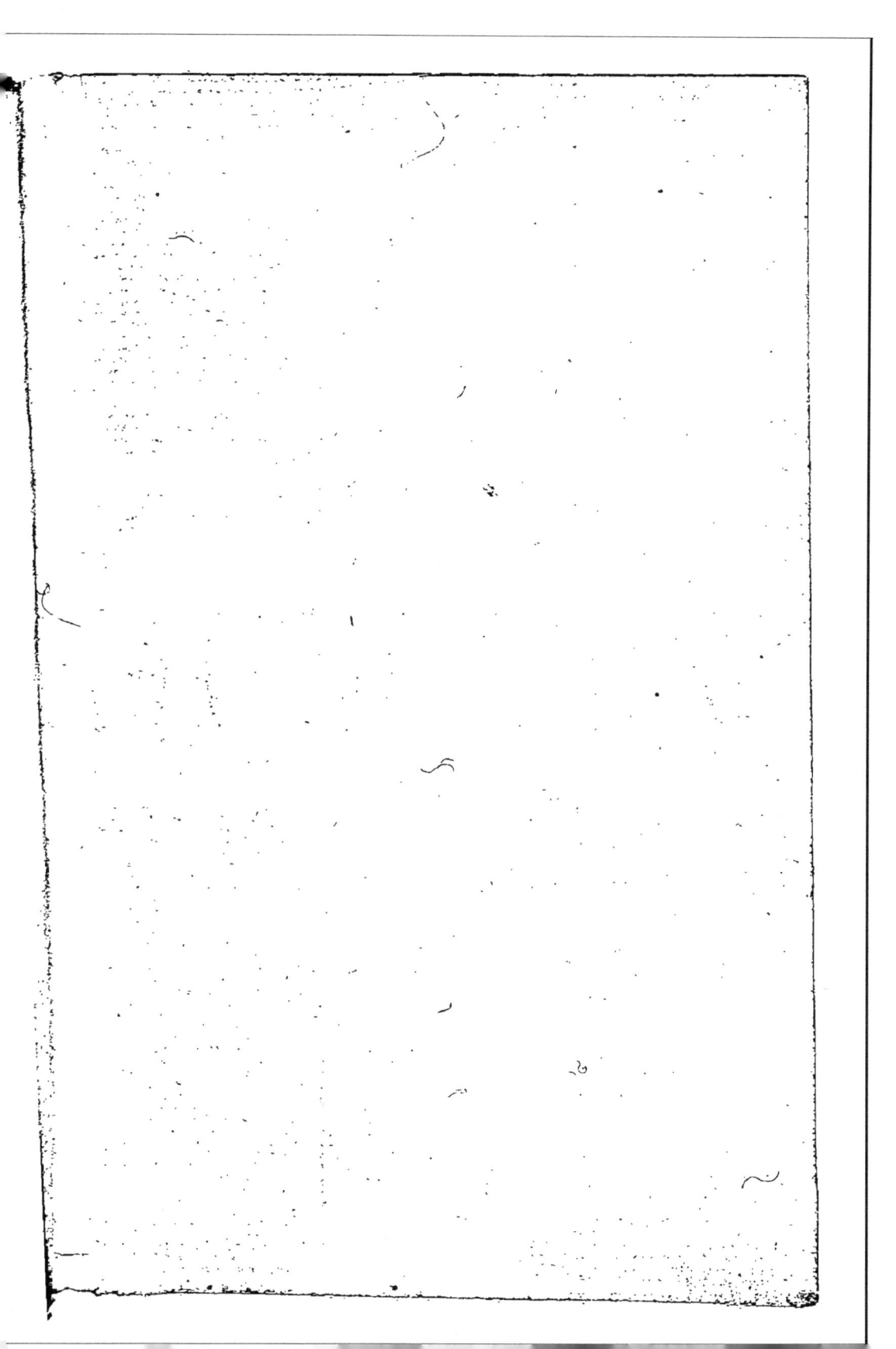

BIBLIOTHEQUE NATIONALE DE FRANCE

3 7502 01000690 4

www.ingramcontent.com/pod-product-compliance
Lightning Source LLC
Chambersburg PA
CBHW060603100426
42744CB00008B/1297